www.tredition.de

Kristina Sommer

Wiki-Technologie als Instrument des kollaborativen Wissensmanagements

Eine theoretische Betrachtung unter Berücksichtigung der Zusammenhänge und Synergien zwischen Wissensmanagement und Personalentwicklung

www.tredition.de

© 2016 Kristina Sommer
Umschlagfoto: pixabay.com

Verlag: tredition GmbH, Hamburg

ISBN 978-3-7345-5034-8 (Paperback)

ISBN 978-3-7345-5202-1 (e-Book)

Printed in Germany

Diese Publikation basiert auf meiner Masterarbeit, die ich während meines Fernstudiums zum Thema Personalentwicklung im Jahr 2007 geschrieben habe. Die Thematik hat an Aktualität m. E. nichts verloren, so dass ich mich entschlossen habe, den Text nachträglich in überarbeiteter und aktualisierter Form zu publizieren.

Kristina Sommer

Inhaltsverzeichnis

1 Einleitung

1.1 Hintergrund und Problemstellung

Der ökonomische Erfolg eines Unternehmens hängt zunehmend davon ab, wie das vorhandene Wissen im Unternehmen genutzt wird. So betonen Alex/Becker/Stratmann (2002) die Bedeutung von Wissen wie folgt:

> „In der heutigen Wissensgesellschaft können Wettbewerbsvorteile in Unternehmen nur noch über ein ausgeprägtes Management der Ressource Wissen erzielt werden. Die Mitarbeiter sind in diesem Zusammenhang die Träger des so wertvollen Guts Wissen."[1]

Eine Studie des Haufe Verlags aus dem Jahr 2014 zum Thema „Produktiver Umgang mit Wissen in Unternehmen"[2], kam zu dem Ergebnis, dass für 71 % der Befragten Wissen ein sehr wichtiger Erfolgsfaktor für das Unternehmen ist.[3] Die für die Arbeit relevanten Informationen und das entsprechende Wissen fehlen allerdings über einem Viertel der Befragten. Begründet wird dies hauptsächlich mit intransparenten oder gar fehlenden Ablagesystemen für Wissen oder komplizierten Suchfunktionen sowie der mangelnde Bereitschaft von Kollegen, Wissen zu teilen und fehlende Speichertools.[4]

Betriebliche Entscheidungen und Prozesse setzen Wissen voraus, dies ist eine Selbstverständlichkeit. Auch die Speicherung von Wissen gehört zum täglichen Ablauf in den Unternehmen. Wissen wird z. B. in Datenbanken, E-Mailsystemen und im Intranet gespeichert. Somit wird

---

1   Alex/Becker/Stratmann (2002), S. 47

2   Für diese Studie befragte der Haufe Verlag gemeinsam mit einem Marktforschungsinstitut 300 Geschäftsführer sowie Mitarbeiter mit und ohne Personalverantwortung aus verschiedenen Branchen.

3   Vgl. Haufe Verlag (2014), S. 8

4   Vgl. Haufe Verlag (2014), S. 19

in jedem Unternehmen in irgendeiner Form Wissensmanagement betrieben. Allerdings stellt sich die Frage nach der Effektivität und Effizienz der Aktivitäten.[5]

Laut der Studie von Haufe wird Wissen vor allem über das Intranet, E-Mails und Newsletter weitergegeben.[6] Doch auf die E-Mails, die zwischen einzelnen Personen oder Teams ausgetauscht werden, können nicht alle Mitarbeiter zugreifen. Das Wissen verschwindet in diversen E-Mail-Postkörben und wird irgendwann gelöscht.

Wissensmanagement kann aber nur zum Erfolgsfaktor werden, wenn man es transparent, zugänglich und somit nutzbar macht.

Besonders in Unternehmen, die einem starken dynamischen Umfeld ausgesetzt sind, ist es von großer ökonomischer Bedeutung, den Mitarbeitern[7] möglichst zeitnah aktuelle Informationen zur Verfügung zu stellen. Mitarbeiter müssen befähigt werden, ihren Kollegen kurzfristig und einfach neu erworbenes Wissen mitzuteilen. Informelle Systeme, wie z. B. E-Mailsysteme, eignen sich für solche Prozesse kaum. Die Frage ist also, welche Systeme besser geeignet sein können, um Wissen in eine Form zu bringen, auf die die Mitarbeiter zurückgreifen können.

Die Bereitstellung und Akquise von Wissen sowie die Speicherung dieses Wissens stellen somit ein wesentliches Problem des Wissensmanagements dar.[8]

Wesentliche Herausforderungen sind laut der Studie des Haufe Verlags zudem Faktoren wie der funktionierende Austausch von Wissen

---

5   Vgl. Fleig (2007)

6   Vgl. Haufe Verlag (2014), S. 16

7   Aus Gründen der besseren Lesbarkeit wird auf die gleichzeitige Verwendung männlicher und weiblicher Sprachformen verzichtet. Sämtliche Personenbezeichnungen gelten gleichwohl für beiderlei Geschlecht..

8   Vgl. Schmitz/Hotho/Jäschke/Stumme (2006), S. 2

und die Verfügbarkeit eines geeigneten Suchsystems sowie einer verbindlichen Ablagestruktur für Dokumente.[9]

Das Wissensmanagement ist speziell bei der Akquise und Kommunikation von Wissen stark auf die Personal- und Organisationsentwicklung angewiesen. Mitarbeiter müssen bereit sein, ihr Wissen zu teilen und nutzbar zu machen. Andererseits müssen sie das Wissen von anderen Kollegen annehmen und anwenden können. Hierzu müssen die Mitarbeiter befähigt sein.

Zur Stärkung der Wettbewerbsposition eines Unternehmens ist es wichtig, ein transparentes Wissensmanagementsystem aufzubauen, das sowohl zur Wissensakquise als auch zur Wissenskommunikation eingesetzt werden kann und so zu einem Austausch von Wissen führt. Eine einfache Suchfunktion sowie eine übersichtliche Ablagestruktur für Wissen sind zudem wichtig.

Es gibt eine große Anzahl an Softwareprodukten, die für die Unterstützung von Wissensmanagementprozessen entwickelt wurden.

Doch im Zusammenhang mit Wissensmanagement werden auch Open-Source-Produkte[10] aus dem Social-Software-Bereich verwendet. Social Software zeichnet sich dadurch aus, dass Nutzer sich an der Produktion von Inhalten beteiligen können. Weblogs zum Beispiel werden in der Regel von einem Autor oder einer Autorengruppe bearbeitet. Sie sind somit sehr subjektiv durch die Autoren geprägt. Zu den einzelnen Beiträgen können Nutzer Kommentare schreiben. Sie tragen somit zu der Erstellung von Inhalten bei, können aber selbst keine Artikel schreiben. An der Erstellung von Wikis wie der bekannten Wikipedia-Enzyklopädie beteiligen sich viele Autoren, so dass die Inhalte eine starke

---

9   Vgl. Haufe Verlag (2014), S. 23

10   „Aus dem Unmut über Softwarelizenzen entstand die Idee der freien Software. Frei in dem Sinn, dass jeder damit machen darf, was er möchte. Damit das möglich ist, muss die Software im Quellcode vorliegen. Hieraus entstand die Idee für Open-Source-Software." (vgl. Szugat/Gewehr/Lochmann (2006), S. 58)

Objektivität zeigen.[11] Jeder Nutzer kann zum Autor werden und selbst Inhalte produzieren. Der Fokus dieser Arbeit wird auf dieser Wiki-Technologie liegen.

---

11 Vgl. Smolnik/Riempp (2006), S. 20

1.2 Zielsetzung

Die Internet-Enzyklopädie Wikipedia zeigt das Potential, das Wikis für das Sammeln und Kommunizieren von Wissen haben können. Aber die Autoren von Wikipedia befinden sich nicht in einer einzelnen Organisation, sondern arbeiten freiwillig in ihrer Freizeit an Inhalten.

Der Gedanke von Wikipedia müsste also auf eine Organisation übertragbar sein, um ein ähnliches Potential zu erreichen. Die wesentliche Frage, die in dieser Arbeit im Fokus steht lautet daher, inwieweit sich ein Wiki für das Wissensmanagement einer Organisation nutzen lässt? Um diese Fragestellung zu beantworten, führt die vorliegende Arbeit zunächst in die Grundlagen der Wiki-Technologie[12] im Kontext des kollaborativen Wissensmanagements ein. Neben der Darstellung der betrieblichen Anwendungsgebiete werden die Chancen, aber auch die Risiken von Wikis dargestellt.

Da Wissensarbeit eine menschliche Tätigkeit ist, sollen in dieser Arbeit auch die Faktoren Mensch und Unternehmenskultur in Bezug auf den Einsatz von Wiki-Technologie im Wissensmanagementprozess betrachtet werden. Dabei soll auch auf die Zusammenhänge und Synergien zwischen den Bereichen Wissensmanagement und Personalentwicklung näher eingegangen werden.

---

12 Der Begriff „Wiki" wird in dieser Arbeit als Synonym für Wiki-Technologie genutzt.

1.3 Aufbau der Arbeit

Diese Arbeit ist in fünf Kapitel aufgeteilt. Das erste Kapitel dient der Einführung in die Thematik und Zielsetzung der Arbeit.

Im zweiten Kapitel werden die notwendigen Begriffe definiert und abgegrenzt. Vor allem die Zusammenhänge zwischen Wissensmanagement und Personalentwicklung werden im zweiten Kapitel näher betrachtet.

Im dritten Kapitel wird die Wiki-Technologie dargestellt. Dabei liegt der Fokus weniger auf den technischen Aspekten von Wikis, sondern auf der Anwendung von Wiki-Technologie in Unternehmen.

Im vierten Kapitel wird darauf eingegangen, welche Aspekte und Faktoren bei der Implementierung von Wiki-Technologie in den Wissensmanagementprozess einer Organisation beachtet werden müssen und welche Risiken entstehen können.

Das fünfte und letzte Kapitel fasst die Ergebnisse der Arbeit kurz zusammen und endet mit dem Fazit.

2 Theoretische Grundlagen

2.1 Das Münchener Modell als Grundlage

In diesem Kapitel werden die Grundlagen und Begrifflichkeiten dargestellt, auf denen die Arbeit aufbaut. Speziell das Münchener Wissensmanagementmodell wird hier skizziert, da es die Basis für die Definition von Wissensmanagement in dieser Arbeit bildet. Auch die Zusammenhänge und Synergien zwischen Wissensmanagement und Personalentwicklung werden in diesem Kapitel näher betrachtet.

Was ist Wissen? Das Wissensverständnis im Münchener Modell unterscheidet zwei Sichtweisen. Zum einen Wissen als Objekt und zum anderen Wissen als Prozess.[13] Wissen als Objekt ist in irgendeiner Form dargestellt bzw. „materialisiert", z. B. durch schriftliche Darstellung in einem Buch oder Speicherung auf einem Medium. Es ist möglich, aktiv auf dieses Wissen zuzugreifen. Wissen als Objekt wird daher auch als Informationswissen bezeichnet. Wissen als Prozess kann nicht gespeichert oder niedergeschrieben werden. Es ist eng mit dem Wissensträger verbunden und ist durch Erfahrungen entstanden. Die Anwendung dieses Wissens erfordert den direkten zwischenmenschlichen Kontakt und geht schließlich in eine Handlung über. Wissen als Prozess wird daher auch als Handlungswissen bezeichnet. Dieses Wissen ist für andere nur schwer zugänglich.[14]

„Im Münchener Wissensmanagement-Modell wird Wissen – je nach Perspektive – sowohl in der Nähe des Informationsbegriffs als auch in der Nähe des Handlungsbegriffs gesehen. Folglich bilden im Münchener Modell Informations- und

---

13 Vgl. Reinmann-Rothmeier (2001), S. 14

14 Vgl. Reinmann-Rothmeier (2001), S. 14

Handlungswissen zwei richtungsweisende Ausprägungsformen (oder auch Zustände) von Wissen."[15]

Wissensmanagement in einem Unternehmen ist somit der Versuch, Prozesse im Spannungsfeld zwischen Informationswissen und Handlungswissen zu beeinflussen bzw. im Unternehmen Bedingungen zu schaffen, durch die die Wissensprozesse in Gang gesetzt werden.[16] Im Zentrum stehen dabei die drei Bereiche Mensch, Technik und Organisation.

Reinmann-Rothmeier (2001) betont die starke Verbindung zum Informations- und Kompetenzmanagement:

„[…] Wissen ist weder komplett von außen steuerbar noch entzieht es sich völlig einem äußeren Gestaltungs- und Veränderungswillen. Umso mehr kommt es darauf an, die bestehenden Spielräume des Wissensmanagements möglichst gut zu kennen sowie effektiv und nachhaltig zu nutzen. Wissensmanagement im hier verstandenen Sinne sucht und braucht die Nähe zum Informations- und Kompetenzmanagement und bemüht sich um eine Einbindung sowohl von Information als auch von Handeln […]"[17]

Wissensmanagement verbindet durch das Informations- und Kompetenzmanagement Technik und Personalmanagement in einer Organisation.[18]

Der Mensch ist der Träger des Wissens. Die Organisation stellt die notwendigen Strukturen zum Austausch von Wissen bereit und die

---

15 Reinmann-Rothmeier (2001), S. 15

16 Vgl. Reinmann-Rothmeier (2001), S. 18

17 Reinmann-Rothmeier (2001), S. 19

18 Vgl. Reinmann-Rothmeier (2001), S. 18

Technik gestaltet die Infrastruktur zur Kommunikation und Information und bietet die notwendigen Werkzeuge zur Nutzung dieser Infrastruktur.

Der Wissensprozess nach dem Münchener Modell setzt sich aus vier Bausteinen zusammen:

1. Wissensrepräsentation
   Darunter versteht man die Sichtbarmachung von Wissen, z. B. durch Speicherung auf einem Medium.
2. Wissensnutzung
   Dieser Bereich versucht, das Wissen anwendbar zu machen.
3. Wissenskommunikation
   Mitarbeiter sollen ihr Wissen kommunizieren und untereinander austauschen.
4. Wissensgenerierung
   Neues Wissen soll aufgebaut werden, z. B. durch den Besuch eines Seminars.

Die vier Bausteine sind nicht voneinander abgegrenzt und auch nicht voneinander unabhängig.[19]

Der wichtigste Faktor des Wissensmanagements nach dem Münchener Modell ist der Mensch und seine Bereitschaft, sich und seine Kompetenzen stetig weiterzuentwickeln, d. h. neues Wissen aufzunehmen und anzuwenden. Um diesen Faktor auszuschöpfen muss nach dem Münchener Modell eine neue Lehr- und Lernkultur in den Unternehmen geschaffen werden, die schließlich in dem Ideal der Lernenden Organisation mündet.[20] An dieser Stelle wird die enge Verknüpfung von Wissensmanagement und Kompetenzentwicklung sehr deutlich. Kompetenzentwicklung ist in den Unternehmen vor allem die Aufgabe der

---

19 Vgl. Reinmann-Rothmeier (2002), S. 16

20 Der Begriff Lernende Organisation wurde von dem Münchener Modell stark geprägt.

Personalentwicklung. Daher ist es sinnvoll, dass die Bereiche Wissensmanagement und Personalentwicklung im Unternehmen eng zusammenarbeiten.

Einen wesentlichen Bestandteil des Münchener Modells bilden die so genannten Communities. Communities sind informelle und meist selbstorganisierte Interessensgemeinschaften. Sie können als Plattform für einen aktiven Wissensaustausch dienen, daher werden Communities im Münchener Modell auch als „Keimzelle" des Wissensmanagements angesehen.[21]

Die zentralen Prozesse von Communities sind:[22]

- Kommunikation
- Kooperation
- Erfahrungsaustausch
- Wissensschaffung
- wechselseitiges Lernen

In den Communities finden sich häufig Personen mit gemeinsamen Interessen und Zielsetzungen zusammen. Es herrschen meist unbürokratische und lockere Strukturen. Dies bietet vielfältige Möglichkeiten für den Wissensprozess. Communities können als

- Knotenpunkt für Kommunikation und Austausch
- Foren wechselseitigen Lernens
- Innovationstreiber
- Kulturveränderer und Identitätsstifter

dienen.

---

21 Vgl. Reinmann-Rothmeier (2001), S. 28ff.

22 Vgl. Reinmann-Rothmeier (2001), S. 28

2.2 Personalentwicklung – Definition und Ziel

In der Literatur existiert eine Vielzahl an Definitionen des Begriffs „Personalentwicklung".[23] Die vorliegende Arbeit soll sich auf die Definition von Becker (2005) beziehen:

> „Personalentwicklung umfasst alle Maßnahmen der Bildung, der Förderung und der Organisationsentwicklung, die von einer Person oder Organisation zur Erreichung spezieller Zwecke zielgerichtet, systematisch und methodisch geplant, realisiert und evaluiert werden."[24]

Es gibt in der Literatur viele Auffassungen von Personalentwicklung mit unterschiedlichen Reichweiten. So wird zwischen Personalentwicklung im engeren, erweiterten und weiten Sinn gesprochen (vgl. Tabelle 1).

Diese Arbeit bezieht sich auf die Personalentwicklung im weiten Sinn, denn die Personalentwicklung betrachtet nicht nur das einzelne Individuum, sondern auch die materiellen, sozialen und organisatorischen Bedingungen, unter denen der Mitarbeiter tätig ist.[25]

---

23 Neuberger (1994) gibt einen Überblick über eine große Anzahl von Definitionen (vgl. Neuberger (1994), S. 4f.)

24 Becker (2005), S. 3

25 Vgl. Neuberger (1994), S. 12

Personalentwicklung im engeren Sinn = Bildung	Personalentwicklung im erweiterten Sinn = Bildung + Förderung	Personalentwicklung im weiten Sinn = Bildung + Förderung + Organisationsentwicklung
• Berufsausbildung • Weiterbildung • Führungsbildung • Anlernung • Umschulung • ...	• Auswahl und Einarbeitung • Arbeitsplatzwechsel • Auslandseinsatz • Nachfolge- und Karriereplanung • Strukturiertes Mitarbeitergespräch und Leistungsbeurteilung • Coaching, Mentoring • ...	• Teamentwicklung • Projektarbeit • sozio-technische Systemgestaltung • Gruppenarbeit • ...

Tabelle 1: Inhalte der Personalentwicklung[26]

Speziell die immer dynamischere Umwelt und neue Herausforderungen, wie z. B. die Globalisierung, führen dazu, dass Personal- und Organisationsentwicklung eng miteinander verflochten sein müssen, damit das Unternehmen schnell und flexibel reagieren kann.

---

26 Becker (2005), S. 18

2.3 Zusammenhang und Synergien zwischen Personalentwicklung und Wissensmanagement

Wie in Kapitel 2.1 bereits erwähnt, fokussiert sich das Wissensmanagement auf die drei Bereiche Mensch, Technik und Organisation. Die Personalentwicklung hingegen befasst sich mit den Bereichen Mensch und Organisation (vgl. Kapitel 2.2). Es ergeben sich somit eindeutige Schnittstellen wie die Abbildung 1 zeigt.

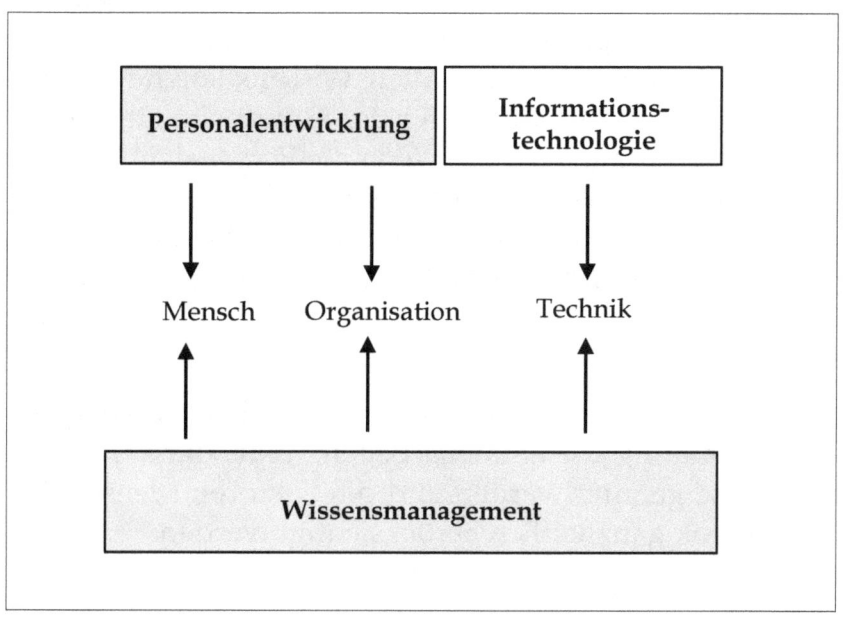

Abbildung 1: Schnittstellen zwischen Personalentwicklung und Wissensmanagement im Unternehmen

Besonders bei der Gestaltung der Bereiche Mensch und Organisation ist das Wissensmanagement von der Personalentwicklung abhängig.

Ein reines technisches Wissensmanagement würde Wissen ohne jegliches Leben, ohne Dynamik oder Impulse entwickeln.[27] Wichtig ist es, die Erfahrungen (also das Handlungswissen) der Mitarbeiter in das Wissensmanagement einzubeziehen. Damit die Mitarbeiter Erfahrungen machen können, müssen sie Lernprozesse durchlaufen und ihre Kompetenzen[28] weiterentwickeln – dies gilt auch für Organisationen.

Die Personalentwicklung hingegen würde sich bei der Kompetenzentwicklung der Mitarbeiter ohne Wissensmanagement nur auf den Transfer von externem Wissen in das Unternehmen befassen (z. B. durch Seminare).[29] Eigene Wissensbestände wären nicht bekannt und könnten nicht genutzt werden. Auch Wissensdefizite könnten nicht identifiziert werden. Dies könnte für den Unternehmenserfolg schwerwiegende Auswirkungen haben. Wenn die Personalentwicklung keine Kenntnis darüber hat, wo welches Wissen existiert oder benötigt wird, dann kann es geschehen, dass den Mitarbeitern Wissen doppelt, unnötig oder gar nicht vermittelt wird. Im Extremfall kann Wissen auch einfach verloren gehen (z. B. durch das Ausscheiden eines erfahrenen Mitarbeiters).

Es ist daher von großer Bedeutung, dass Wissensmanagement und Personalentwicklung zusammenarbeiten. Nur dann können bestehende Prozesse genutzt werden und die Faktoren Mensch, Organisation und Technik ganzheitlich berücksichtigt werden.[30]

---

27 Vgl. Falk (2007), S. 42

28 Auf die Thematik „Kompetenzen" und „Kompetenzentwicklung" wird in Kapitel 3.4 näher eingegangen.

29 Vgl. Falk (2007), S. 42

30 Vgl. ebd.

2.4 Kollaboratives Wissensmanagement

Wissen ist ein Gut und speziell das Handlungswissen kann nur im persönlichen zwischenmenschlichen Austausch übertragen werden. Daher rückt im Bereich des Wissensmanagements der kollaborative und kommunikative Aspekt verstärkt in den Vordergrund. Der Erfolg des Wissensmanagements im Unternehmen hängt stark von den Faktoren Kommunikation und Interaktion der Wissensträger ab.[31]

Technische Lösungen zum Wissensmanagement beziehen sich bisher hauptsächlich darauf, eine zentrale Wissensbasis zu pflegen, in der Dokumente abgelegt werden.[32] Durch dieses Vorgehen wird im Unternehmen vorwiegend Informationswissen gesammelt.

Um eine solche technisch gestützte zentrale Wissensbasis zu erstellen und zu pflegen, ist ein hoher Aufwand an Zeit und Kapital notwendig. Die Strukturen dieser Systeme sind meist wenig dynamisch.

Wenn Mitarbeiter neues Wissen erwerben, sollte dieses zeitnah in das System eingepflegt werden. Dies ist vor allem in Unternehmen wichtig, deren Umfeld sich schnell verändert. Doch an dieser Stelle ist Wissensmanagement mit einer zentralen Wissensbasis, die nur von einzelnen festgelegten Personen gepflegt wird, schnell überfordert. Wichtiges Wissen wird den Mitarbeitern somit nicht schnell genug zur Verfügung gestellt.

Daher sorgen die meisten Mitarbeiter für ihr eigenes Wissensmanagement. Sie sammeln Informationen und Wissen mit Hilfe von Werkzeugen. Gängige Hilfsmittel sind E-Mail-Ordner, Dokumentablagen inklusive Suchfunktion auf dem PC oder ganz einfach Aktenordner. Die Gründe für ein solches persönliches Wissensmanagement sind vielfältig:[33]

---

31 Vgl. Semar (2004), S. 1

32 Vgl. Schmitz/Hotho/Jäschke/Stumme (2006), S. 1

33 Vgl. Schmitz/Hotho/Jäschke/Stumme (2006), S. 3

- Mitarbeiter wollen schnell und einfach Wissen aufbewahren. Der technische Aufwand hierfür soll möglichst gering sein.
- Der Mitarbeiter muss im täglichen Berufsleben schnell und flexibel reagieren können, daher benötigt er ein System ohne starre Strukturen, auf das er schnell zugreifen kann.
- Mitarbeiter wollen Autonomie über die Art der Speicherung und Verwendung von Informationen.

Doch dieses persönliche Wissensmanagement führt dazu, dass das Wissen des einzelnen Mitarbeiters im Unternehmen nicht genau lokalisiert und nicht von der Gemeinschaft genutzt werden kann. Es verschwindet im Extremfall mit dem Ausscheiden des Mitarbeiters aus dem Unternehmen, da das persönliche Wissensmanagement auf ganz speziellen subjektiven Strukturen basiert, die andere Mitarbeiter kaum nachvollziehen können.

Außerdem wird Wissen in den persönlichen Wissensbasen der Mitarbeiter abgelegt, ohne dass es zu Synergieeffekten kommen kann. Es existiert keine Vernetzung zwischen den einzelnen Wissensbasen. Es gibt in einem Unternehmen also das zentrale Wissensmanagement mit einer sehr starren Struktur, aber relativ hohen Synergieeffekten und das persönliche Wissensmanagement der Mitarbeiter mit hoher Autonomie und Flexibilität, aber keinen Synergieeffekten (siehe Abbildung 2). Die Vorteile der beiden Systeme müssen verbunden werden und dies soll mit dem kollaborativen Wissensmanagement erreicht werden.

Der Begriff „kollaborieren" ruft durch seine Gebräuchlichkeit im militärischen Sektor (kollaborieren = mit dem Feind zusammenarbeiten[34]) häufig eine eher negative Assoziation hervor. Doch „kollaborieren" heißt vor allem „zusammenarbeiten". Kollaboratives Wissensmanagement soll dem Mitarbeiter die Möglichkeit bieten, schnell, autonom

---

34 Vgl. Wermke/Kunkel-Razum/Scholze-Stubenrecht (2000), S. 555

und mit geringem Aufwand das eigene Wissen zu verwalten und trotzdem Synergieeffekte durch die Nutzung des Wissens seiner Kollegen
zu erhalten.[35]

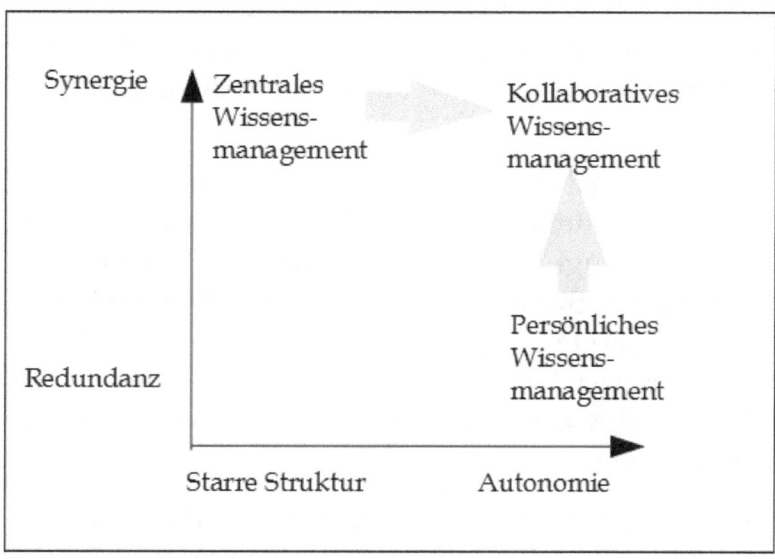

Abbildung 2: Vom persönlichen zum kollaborativen Wissensmanagement[36]

In der Literatur werden bisher zwei Ansätze für kollaboratives Wissensmanagement unterschieden, die an dieser Stelle nur kurz dargestellt werden:

- Peer-to-Peer-Wissensmanagement (P2P-Wissensmanage-
  ment)
- Folksonomies

35 Vgl. Schmitz/Hotho/Jäschke/Stumme (2006), S. 4

36 Darstellung in Anlehnung an Schmitz/Hotho/Jäschke/Stumme (2006), S. 3

In einem P2P-Wissensmanagement-System pflegt jeder Mitarbeiter seine eigene Wissensbasis. Diese Wissensbasis kann von anderen Nutzern eingesehen werden. Die Mitarbeiter erhalten also Einsicht in die Wissensbasis der Kollegen. So entsteht ein dichtes unternehmensweites Wissensbasen-Netzwerk. Hierfür muss sichergestellt werden, dass die technischen Systeme der Mitarbeiter kompatibel sind, damit der Einblick in die Wissensbasis des jeweiligen Kollegen technisch durchführbar ist.

„Folksonomy" wird das Schlagwortverzeichnis genannt, das beim Social Tagging[37] entsteht. Der Begriff ist eine Kombination aus den Wörtern „folk" (= engl. Leute) und „taxonomy" (= engl. Klassifizierung)[38]. Folksonomy-Systeme erlauben es den Mitarbeitern, ihre Ressource auf einem Server zu speichern und dort mit Tags[39] zu versehen. Was eine Ressource ist, hängt von dem System ab. Es kann z. B. ein Bild oder eine Bookmark[40] sein. Im Internet existieren einige dieser Systeme, die frei zugänglich sind.

Die Folksonomy-Systeme sind einfach zu handhaben: Nachdem der Nutzer sich im System mit seinem Benutzernamen und Passwort angemeldet hat, kann er Ressourcen zu dem System hinzufügen und dieser Ressource beliebige Tags zuordnen. Die Ressourcensammlung einer Person heißt „Personomy" , die Gesamtheit aller „Personomies" des Systems nennt man „Folksonomy". Die Nutzer des Systems können alle Personomies im System einsehen. Die Tags sind dabei das Instrument zur Navigation durch das Folksonomy. Durch die Tags lassen

---

37 Gemeinschaftliches Indexieren (vgl. Kienitz (2007), S. 33)

38 Vgl. Kienitz (2007), S. 27

39 tag = engl. Schlagwort

40 Bookmarks können als „Lesezeichen" für das World Wide Web bezeichnet werden. Wenn ein Nutzer im Internet eine Seite interessant findet, kann er sie markieren und den Pfad in einem Ordner ablegen. So kann die Internetseite jederzeit wieder aufgerufen werden.

sich auch gemeinsame Interessensgruppen identifizieren. Dies fördert das Entstehen von Interessensgruppen (Communities, vgl. Kapitel 2.1).

Folksonomies ermöglichen es, sehr schnell und dynamisch auf Veränderungen zu reagieren und neues Wissen in die Wissensbasis einzupflegen. Außerdem integrieren Folksonomies viele Nutzer, die gemeinsam an einer Wissensbasis arbeiten.

Kollaboratives Wissensmanagement setzt den Schwerpunkt auf die Kommunikation und Interaktion der Wissensträger. Es vereint die hohe Autonomie des persönlichen Wissensmanagements mit den Synergieeffekten des zentralisierten Wissensmanagements. Viele Nutzer arbeiten gemeinsam an einer Wissensbasis, auf die auch alle Nutzer wiederum Zugriff haben. Dies ist der Kern des kollaborativen Wissensmanagements.

Im folgenden Kapitel wird zunächst die Wiki-Technologie näher betrachtet. Dabei steht weniger die technische Funktionsweise dieser Software im Fokus sondern der Nutzen und die Einsatzbereiche von Wiki-Technologie im Web 2.0 (vgl. Kapitel 4.2) oder in Unternehmen. Schließlich wird darauf eingegangen, welche Möglichkeiten Wiki-Technologie für das Wissensmanagement bietet.

3 Wiki-Technologie als dynamisches Instrument des kollaborativen Wissensmanagements

3.1 Das Wiki-Prinzip

Das Wort „Wiki" stammt aus dem Hawaiianischen, denn „wikiwiki" bedeutet in dieser Sprache „schnell".

Die Wiki-Technologie wurde 1995 von dem Programmierer Ward Cunningham in den USA entwickelt.

Cunningham arbeitete an einem Projekt, bei dem sich die Zusammenarbeit mit Programmierern aus der ganzen Welt anbot. Er entwickelte daher eine webbasierte Datenbank, die die Möglichkeit lieferte, ohne HTML[41]-Kenntnisse oder langwierige Programmierungen, mit Formularen Text zu editieren. Die Datenbank kann daher schnell („wikiwiki") und flexibel mit Inhalten gefüllt werden. Somit war Cunninghams Idee einer „simplest online database that could possibly work", einer möglichst einfachen Online-Datenbank[42], umgesetzt. Er nannte diese Datenbank „WikiWiki-Web".

An der Wiki-Datenbank arbeiten viele Autoren. Die editierten Texte werden von vielen Lesern konsumiert. Durch dieses System wird das Wiki mit Inhalt gefüllt (Wiki-Prinzip).

Die Mitarbeit an einem Wiki ist sehr einfach: Die Datenbank kann von einem Browser (z. B. Microsoft Internet Explorer oder Firefox) aus geöffnet und bearbeitet werden. Auf jeder Seite befindet sich ein „EditText"-Link, der es ermöglicht, den sichtbaren Text direkt zu bearbeiten. Der Browser benötigt keine weiteren unterstützenden Programme oder Funktionen. Es reichen die einfachen Browser-Systeme aus.[43] Dabei benötigen die Nutzer – wie bereits oben erwähnt – keine HTML-

---

41 HTML (Hypertext Markup Language) ist die bekannteste Beschreibungssprache für Internetseiten.

42 Vgl. Kienitz (2007), S. 58

43 Vgl. Raman (2006), S. 60

Kenntnisse oder Kenntnisse anderer Beschreibungssprachen für WWW-Seiten. Der eingegebene Text wird von der Wiki-Software automatisch in HTML umgewandelt. Der Text kann allerdings nur unformatiert eingegeben werden. Es gibt aber einige einfache Regeln, mit denen man z. B. Überschriften hervorheben kann.[44]

Beispiel:

= Überschrift =   →   Wiki-Syntax

<h1>Überschrift</h1>   →   HTML-Syntax

Zu jedem Artikel gehört eine Diskussionsseite. Hier können sich die Autoren über den Text austauschen, Fragen stellen und diskutieren. Im Frontend ist diese Diskussion für den Leser nicht zu sehen. Zudem gibt es eine Übersicht über Versionen und Autoren, damit Änderungen nachvollzogen werden können.

Durch die Bearbeitung der Datenbank entsteht eine Seitensammlung, die einem Content-Management-System ähnelt.[45] Die Seiten können durch Querverweise (so genannte Hyperlinks) miteinander verbunden werden. Es können auch beliebige andere Seiten aus dem Internet (WWW-Seiten oder Medienobjekte) durch Hyperlinks mit dem Text verknüpft werden. Bild-, Ton- und Videodateien können direkt in das Wiki geladen und in einzelne Wiki-Seiten integriert werden. Die Stichwortsuche ist ein wesentliches Instrument für den Nutzer, um durch das Wiki zu navigieren.

---

44 Vgl. Möller (2003), Absatz 4

45 Vgl. Fiebig (2005), S. 20

Wikis verfügen außerdem über eine Diskussions-Seite. Sobald eine neue Wiki-Seite eingerichtet wird, wird automatisch eine „Diskussions-Seite" angelegt. Auf dieser Seite können sich die Autoren über die Arbeit an dem jeweiligen Beitrag austauschen.

Eine so offene Software-Lösung, an der viele Nutzer Änderungen vornehmen können, muss sich aber auch schützen. So gibt es einige Sicherheits-Funktionen:[46]

- Eine „RecentChanges"-Seite:
  Hier kann nachgelesen werden, welche Seite, von wem und wann das letzte Mal geändert wurde. Nutzer können z. B. über die Identifikationsnummer ihres Computers oder ihren Nutzernamen erkannt werden.

- Eine Seiten-Historie bzw. Versionenverwaltung[47]:
  Damit Beiträge nicht unwiederbringlich verloren gehen können, werden die Änderungen an einer Seite als komplett neue Version abgespeichert. Die älteren Versionen treten in den Hintergrund. Sie können allerdings jederzeit wieder aktiviert werden. Diese Historie reicht in manchen Fällen bis zur ersten Version einer Seite zurück. So kann, z. B. bei Verlust einer Seite, die letzte Version wieder hervorgeholt werden.

- Eine „Diff"-Funktion:
  Die Funktion zeigt die Änderungen zwischen zwei Revisionen einer Seite an.

Das Wiki-Prinzip basiert auf der Gemeinschaft. Leser werden zu Autoren und arbeiten an einem gemeinsamen Ziel. Dieses Prinzip beinhaltet, dass es keine zentrale Kontrolle der Wiki-Inhalte gibt. Die Gemeinschaft prüft die Einträge. Entdeckt jemand eine Lücke oder einen Fehler

---

46 Vgl. Möller (2003)

47 Vgl. Beißwenger/Storrer (2007), S. 2

im Text, kann er den Text sofort ergänzen bzw. korrigieren. Wenn trotzdem falsche Informationen (wissentlich oder unwissentlich) in das Wiki gelangen, soll dieser Fehler von den anderen Nutzern schnell gefunden und beseitigt werden. Dies ist die Philosophie des Wiki-Prinzips. Außerdem gibt es die „Votes for deletion"-Seite. Auf dieser Seite werden Beiträge aufgelistet, die für eine Löschung vorgeschlagen werden, weil sie z. B. Unsinn beinhalten. Die Vorschläge bleiben dort einige Zeit einsehbar. Wenn sich kein Nutzer für den Erhalt des Beitrags ausspricht, wird der Beitrag gelöscht.

Wiki-Technologie wird heute vor allem auf Open-Source-Basis bereitgestellt, d. h. die Software ist quelloffen und meist frei im Netz erhältlich (z. B. MediaWiki). Die Installation eines Wikis auf dem eigenen Server erfordert aber einige Erfahrung mit Datenbanken und Server-Konfiguration. Wenn ein öffentliches Wiki lokal betrieben werden soll, wird außerdem ein Computer benötigt, der permanent an das Internet angeschlossen ist. Als Alternative besteht die Möglichkeit, ein Wiki bei einem Anbieter (einem so genannten „Host") einzurichten. Der Host stellt auf seinem Server ein fertiges Wiki bereit. Den Server, auf dem Wiki-Hosting angeboten wird, nennt man auch Wiki-Farm.[48] Es gibt kostenfreie und kommerzielle Angebote.

Wiki-Technologie zeichnet sich durch folgende Merkmale aus:

- Kooperation und Diskussion: Wikis werden nicht nur konsumiert. Sie können von den Nutzern aktiv mitgestaltet werden. D. h. viele Autoren arbeiten an einem Text. Dieser Text kann von vielen Nutzern gelesen und gegebenenfalls ergänzt oder verändert werden (Wiki-Prinzip oder Wiki Way[49]).

---

48 Vgl. Belliger/Krieger (2007), S. 94

49 Das Wiki-Prinzip wurde vom Wiki-Erfinder Ward Cunningham in seinem gleichnamigen Buch auch als The Wiki Way beschrieben (siehe hierzu Leuf, Bo und Cunningham, Ward: The Wiki Way. Quick Collaboration on the Web, 2001 (vgl. Szugat/Gewehr/Lochmann (2006), S. 49))

- Einfache Bearbeitung über den Internet-Browser: Der Nutzer kann eine Seite im Wiki direkt über den Browser bearbeiten, dafür benötigt er keine Kenntnisse über Webseiten-Programmierung.

- Einfache Vernetzung: Seiten und Beiträge können durch Hyperlinks verbunden werden. Es entsteht ein Netzwerk zwischen den Seiten.

- Dynamik und Flexibilität: Wikis geben nur eine Grundstruktur vor, die von den Nutzern verändert werden kann. Die Wiki-Datenbank ist somit sehr dynamisch und flexibel veränderbar.

- Zugriff: Es gibt öffentliche und geschlossene Wikis. Geschlossene Wikis lassen sich nur über einen Benutzernamen und ein Passwort einsehen.

- Selbstorganisation: Wiki-Systeme zeichnen sich vor allem dadurch aus, dass sie einen Informationsfluss zwischen vielen Nutzern bottom-up organisieren.[50] Das Programm gibt keine Strukturen von oben vor sondern lässt die Nutzer die Strukturen durch ihre Gewohnheiten und Wünsche selbst entwickeln.

Aus diesen dargestellten Merkmalen resultieren sowohl Chancen als auch Risiken. Auf diesen Punkt wird in Kapitel 3.5 näher eingegangen.

---

50 Vgl. Szugat/Gewehr/Lochmann (2006), S. 55

Bekannte Wiki-Lösungen sind z. B. Drupal, Doku Wiki oder Media Wiki. Die Tabelle 2 gibt einen Überblick über die zehn am meisten abgefragten Wiki-Lösungen auf der Vergleichsplattform WikiMatrix innerhalb von 30 Tagen (Stand: 26. August 2016).

Die verschiedenen Wiki-Lösungen unterscheiden sich hauptsächlich durch ihre Speichertechnik. Einige nutzen eine SQL-Datenbank, andere hingegen Dateisystem-Technik, die meist schneller beim Lesen und Schreiben ist. Datenbanken sind hingegen schneller beim Durchsuchen der Daten und haben Vorteile im Bereich der Administrations-Werkzeuge.[51]

Wiki	Views
DokuWiki	3074
Drupal Wiki	2304
MediaWiki	1241
TWiki	1188
Confluence	1150
Tiki Wiki CMS Groupware	1031
XWiki	889
BlueSpice for MediaWiki	820
Foswiki	734
TiddlyWiki	725

Tabelle 2: Meist abgerufene Wikis auf der Wiki-Vergleichsseite WikiMatrix[52]

Die Media-Wiki-Software wurde für sogenannte offene Wikis (vgl. 3.2) entwickelt. Diese Wiki-Software ist auch in Unternehmen beliebt,

---

51 Vgl. Braun (2014)

52 WikiMatrix (2016)

da sie durch ihre Bekanntheit für schnelle Akzeptanz sorgt, allerdings hat sie im Einsatz als geschlossenes Wiki den Nachteil, dass sie eine eingeschränkte Rollenverteilung beinhaltet, die aus drei Nutzern (Anonyme, angemeldete Benutzer und Administratoren) besteht. Bearbeitete Seiten können nur selektiv gegen Veränderungen geschützt und gesperrt werden.[53]

Als Firmenwiki eignet sich daher z. B. BlueSpice for MediaWiki. Im Vergleich zu Media Wiki bietet BlueSpice mehr Sicherheitsfunktionen wie eine Access Control List oder Rollenverteilungssysteme und Zugriffsbeschränkungen. Positive Eigenschaften des Media Wiki wie Benutzerfreundlichkeit oder Diskussionsseiten sind in BlueSpice erhalten und somit eignet sich das Programm gut als Einstiegslösung.[54]

Auf mögliche Einsatzbereiche und die verschiedenen Arten von Wikis wird im nächsten Kapitel näher eingegangen.

---

53 Adler/ Frost/ Gross (2011), S. 6

54 Vgl. Figura/Gross (2013)

3.2 Einsatzbereiche von Wiki-Technologie

Es gibt zwei Arten von Wikis:

- Öffentliche Wikis
Auf öffentliche Wikis kann im Internet jeder zugreifen. Der Zugang ist nicht eingeschränkt, so dass jeder Leser Seiten erstellen oder bearbeiten kann. Das bekannteste öffentliche Wiki ist die freie Enzyklopädie „Wikipedia". Wikipedia existiert laut eigener Aussage in 291 Sprachen[55] (jede Sprachversion wird eigenständig betrieben) und umfasst bisher über 39 Millionen Artikel[56].

- Geschlossene Wikis
Auf geschlossene Wikis können nur berechtigte Teilnehmer über einen Benutzernamen und ein Passwort zugreifen.

Die in Kapitel 3.1 dargestellten Funktionen von Wiki-Systemen lassen sich auf verschiedene Weise nutzbar machen:

Die häufigsten Anwendungsbereiche von öffentlichen Wikis sind Lexika und Enzyklopädien unterschiedlichster Art. Es gibt aber auch Wikis, die Lösungen zu technischen Fragen anbieten oder Wissens-Wikis zu spezifischen Stoffgebieten, die sich mit Spezialthemen oder Hobbys befassen.

Geschlossene Wikis sind vielfältig einsetzbar und wurden von Unternehmen auch bereits als dynamisches und flexibles Werkzeug für zeit- und ortsunabhängiges kollaboratives Arbeiten entdeckt. Vor allem die Informationssammlung und Wissensverwaltung wird immer beliebter.[57]

---

55 Stand Januar 2016

56 Stand Mai 2016

57 Vgl. Heuer/Trojan (2005)

Wikis eignen sich für die interne Team- bzw. Gruppen- und Projektarbeit. So nutzte zum Beispiel das Sony PlayStation-Team ein Wiki als Hilfsinstrument, um leitende Angestellte kontinuierlich über den Entwicklungsstand der Videospielkonsole zu informieren. Auf diesem Weg können sowohl die Marketing-Leiter als auch die Finanz- oder Rechtsabteilungen ein Gefühl dafür bekommen, was auf sie zukommt. Jeder der informiert werden muss, kann durch das Lesen des Wikis jederzeit einen Überblick darüber bekommen, was gerade passiert.[58]

Neben dem Projektmanagement werden Wikis auch für die Verbreitung von (Branchen-) Nachrichten, Meeting-Agenden sowie für die Veröffentlichung von Unternehmensrichtlinien oder Strategiepapieren genutzt.[59]

Auch für die Bildung von Netzwerken oder Communities (vgl. Kapitel 2.1) in Unternehmen können Wikis eingesetzt werden. Dennison (2006) schreibt dazu:

> „The beauty of wiki software is that it`s so easy to use that people with something to share can publish straight onto the intranet – directly connecting information owners and consumers in real time and providing a platform to build social networks and communities".[60]

Darüber hinaus werden geschlossene Wikis in Blended-Learning-Szenarien[61] eingesetzt. Sie eignen sich dabei für die Tutorierung von Arbeitsprozessen während der Online-Phasen und als Medium für die Präsentation von Arbeitsergebnissen in nachfolgenden Präsenzphasen.[62]

---

58 Vgl. King (2007)

59 Vgl. ebd.

60 Dennison (2006), S. 5

61 „Als Blended-Learning bezeichnet man den didaktisch aufeinander abgestimmten Wechsel von Präsenz- und Online-Phasen in einem Lehr-/Lernszenario." (vgl. Beißwenger/Storrer (2007), S. 6)

62 Vgl. Beißwenger/Storrer (2007), S. 6

Wikis können zudem als Informations-, Dokumentations-, Content- und vor allem als Wissensmanagement-System eingesetzt werden. Speziell auf den Einsatz von Wikis im Wissensmanagement wird im folgenden Kapitel dieser Arbeit näher eingegangen.

3.3 Der Einsatz von Wiki-Technologie als Instrument des kollaborativen Wissensmanagements im Unternehmen

Wie in Kapitel 2.1 dargestellt, ist Wissensmanagement in einem Unternehmen der Versuch, Prozesse im Spannungsfeld zwischen Informations- und Handlungswissen zu beeinflussen bzw. im Unternehmen Bedingungen zu schaffen, durch die die Wissensprozesse in Gang gesetzt werden. Ein Unternehmen muss es daher verstehen, mit den Wissensressourcen umzugehen und ihre Wissensträger im Aufbau wissensrelevanter Fähigkeiten und Einstellungen zu unterstützen.[63] Nur so kann ein Unternehmen auf die neuen dynamischen Rahmenbedingungen der Informations- und Wissensgesellschaft reagieren. Wichtig ist, dass die Mitarbeiter über die Bereitschaft, Wissen zu teilen und Wissen zu erwerben, verfügen. Es muss aber auch die Möglichkeit bestehen, Wissen zentral abzubilden.

Eingeordnet in den Wissensprozess nach dem Münchener Modell kann Wiki-Technologie vor allem für die Wissensrepräsentation (Sichtbarmachung von Wissen) und Wissenskommunikation (Mitarbeiter sollen ihr Wissen kommunizieren und untereinander austauschen) genutzt werden (vgl. Kapitel 2.1). Wiki-Technologie stellt dabei – wie im Münchener Modell gefordert – den Menschen in den Vordergrund, denn der Nutzer bestimmt die komplette Struktur, den Aufbau und Inhalt des Wikis.

Das Wiki-Prinzip baut auf der zwischenmenschlichen Interaktion und Kommunikation auf. Trotzdem kann aber auch ein Wiki nicht automatisch dazu beitragen, dass Wissensträger ihr Wissen teilen und kommunizieren. Dies muss freiwillig geschehen und setzt gewisse Kompetenzen bei den Mitarbeitern voraus. An dieser Stelle wird die enge Verknüpfung von Wissensmanagement und Kompetenzentwicklung der Mitarbeiter sehr deutlich. Auf diesen Punkt wird in Kapitel 3.4 näher eingegangen.

---

63 Vgl. Reinmann-Rothmeier (2001), S. 9

Einen wesentlichen Bestandteil des Münchener Modells bilden die Communities. Sie sind die „Keimzelle" des Wissensmanagements. Wikis bieten eine gute Möglichkeit, (ortsunabhängige) Communities zu bilden (vgl. Kapitel 3.2). Besonders der unbürokratische und lockere Charakter von Communities kann in Wikis sehr gut übernommen werden.

Ein Wiki ist nach speziellen Prinzipien entwickelt worden. An erster Stelle steht das so genannte Wiki-Prinzip, also das gemeinsame Arbeiten von mehreren Autoren an einem Text.

Aus dem Wiki-Prinzip lassen sich weitere Gestaltungsprinzipien ableiten (vgl. Tabelle 2), die einen wesentlichen Einfluss auf die Nutzung des Wikis als Wissensmanagementinstrument haben. Müller und Dibbern (2006) schreiben dazu:

> „Die Gestaltungsprinzipien eines Wikis haben Einfluss auf das Wissensmanagement. [...] Bei herkömmlichen Werkzeugen des Wissensmanagements werden Inhalte durch bestimmte Personen oder Personengruppen (Knowledge Experts) oder durch die Vorgaben eines Systems bestimmt. In Wikis werden Inhalte selbst organisiert und von jedem Mitarbeiter eingestellt, angepasst oder entwickelt. Aufgrund dieser einfachen Beteiligungsmöglichkeit fördern Wikis die Teilnahme am betrieblichen Wissensmanagement und sind ein aktives Informationsinstrument".[64]

---

64 Müller, Dibbern (2006), S. 47

Gestaltungs-prinzip	Beschreibung	Einfluss auf das Wissensmanagement
Offen	Jede Person kann alle Inhalte betrachten und ändern.	Jeder Mitarbeiter ist ein potenzieller Kompetenzträger; Wissen ist frei verfügbar.
Inkrementell	Inhalte (Artikel) können auf Inhalte verweisen, die zu diesem Zeitpunkt noch nicht existieren.	Wissenslücken werden aufgezeigt.
Organisch	Die Struktur und Inhalte entwickeln sich evolutionär.	Wissen und sein Kontext sind dynamisch. Sie entwickeln sich abhängig von den Anforderungen.
Einfach	Eine geringe Anzahl an syntaktischen Regeln ermöglicht die Bearbeitung der Inhalte.	Es bestehen geringe Nutzungsbarrieren bei der Wissensdokumentation.
Universell	Erstellen, Ändern und Strukturieren von Inhalten folgen den gleichen Prinzipien.	Es ist keine Definition von Wissensmanagementrollen notwendig.

Gestaltungs-prinzip	Beschreibung	Einfluss auf das Wissensmanagement
Präzise	Seiten sollten eindeutig bezeichnet werden, um Deutungsprobleme zu verhindern.	Der Kontext des Wissens wird berücksichtigt.
Nachvollziehbar	Die inhaltliche Entwicklung kann von jedem nachvollzogen werden.	Der Entstehungsweg von Wissen kann analysiert werden.
Konvergent	Inhaltliche Doppelungen werden durch Verweise vermieden.	Redundantes Wissen wird zusammengeführt.
Vertrauen	Vertrauensbildung ist ein zentrales Prinzip.	Der Erfolg ist auch abhängig von der Unternehmenskultur.

Tabelle 3: Gestaltungsprinzipien von Wikis und ihr Einfluss auf das Wissensmanagement[65]

Die Tabelle macht deutlich, wie sich Wikis aufgrund ihrer Gestaltungsprinzipien als Instrument des Wissensmanagements nutzen lassen. Doch können Wikis auch den spezifischen Anforderungen des kollaborativen Wissensmanagements gerecht werden? Lassen sich mit Wiki-Technologie die Vorteile von zentralen und persönlichen Wissensbasen vereinen? Auf diese Frage soll die folgende Tabelle eine Antwort liefern:

---

65 Müller/Dibbern (2006), S. 48

Spezifische Anforderungen des kollaborativen Wissensmanagements (vgl. Kapitel 2.4)	*Leistungsmerkmale von Wiki-Technologie*
• Mitarbeiter wollen schnell und einfach Wissen aufbewahren. Der technische Aufwand hierfür soll möglichst gering sein.	• Für den Umgang mit Wikis werden kaum Vorkenntnisse benötigt. Programmierkenntnisse sind nicht erforderlich. Die Bedienung ist auch für Laien einfach.
• Der Mitarbeiter muss im täglichen Berufsleben schnell und flexibel reagieren können, daher benötigt er ein System ohne starre Strukturen, auf das er schnell zugreifen kann.	• Wikis sind webbasiert und können über einen einfachen Internet-Browser geöffnet und bearbeitet werden. Die Mitarbeiter können die Strukturen im Wiki selbst bestimmen.
• Mitarbeiter wollen Autonomie über die Art der Speicherung und Verwendung von Informationen.	• Ein Wiki baut nicht auf starren Strukturen auf. Es ist ein dynamisches und flexibles System. Die Nutzer haben eine hohe Autonomie bei der Gestaltung und Verwendung von Informationen. Weniger Autonomie besteht allerdings bei der Art der Speicherung, da diese bei der Nutzung eines Wikis festgelegt ist (die Daten werden auf einem zentralen Server abgelegt).

Spezifische Anforderungen des kollaborativen Wissensmanagements (vgl. Kapitel 2.4)	Leistungsmerkmale von Wiki-Technologie
• Zur Nutzung von Synergieeffekten muss jeder auf die Wissensbasis zugreifen können.	• Jeder autorisierte Nutzer kann über den Webbrowser auf das Wiki zugreifen.
• Wissen muss just-in-time verfügbar sein, d. h. es muss zeitnah in das System eingegeben werden können und schnell abrufbar sein	• Jeder Wissensträger kann schnell und einfach auf die Wiki-Plattform zugreifen. Änderungen und Ergänzungen können sofort vorgenommen werden.
• Wissen muss leicht zu finden sein.	• Wikis bieten gute Suchfunktionen über einen Index, Schlagwörter und Hyperlinks.

Tabelle 4: Anforderungen des kollaborativen Wissensmanagements und Leistungsmerkmale von Wikis

Wie die Tabelle 4 deutlich macht, können die spezifischen Anforderungen des kollaborativen Wissensmanagements (vgl. Kapitel 2.4) mit der Wiki-Technologie umgesetzt werden. Da bereits hinter der Wiki-Entwicklung der kollaborative Gedanke stand (vgl. Kapitel 3.1), ist es für die Zwecke des kollaborativen Wissensmanagement sehr gut geeignet.

Doch Wiki-Technologie bietet weitere Funktionen für das Wissensmanagement. Besonders die Sicherheits-Funktionen (vgl. Kapitel 3.1) von Wikis lassen sich auch für das Wissensmanagement nutzen:

- Die Versionenverwaltung verhindert, dass Beiträge unwiederbringlich verloren gehen, so ist das Wissen vor Löschung gesichert.

- „RecentChanges"-Seiten klären darüber auf, wer zuletzt die Seite bearbeitet hat. Diese Person kann so z. B. für Nachfragen kontaktiert werden.

- Wikis bieten mehrere Funktionen, die verhindern, dass fehlerhafte oder unsinnige Inhalte in die Datenbank gelangen („Filtering knowledge from noise"[66]). Vor allem das Prinzip des gemeinschaftlichen Arbeitens an der Datenbank („Power of N"[67]) sorgt dafür, dass es auch ein gemeinschaftliches Qualitätsmanagement gibt. Jeder Nutzer prüft die Seiteninhalte des anderen. Wenn Fehler auftreten, sorgt die Gemeinschaft dafür, dass die Fehler korrigiert werden. Dieses Vorgehen verhindert auch Doppeleinträge bestimmter Inhalte. Hyperlinks sind ein Qualitätsmerkmal. Denn eine Seite mit sehr vielen Hyperlinks wird häufig besucht und somit auch häufig überprüft.

- Wikis sorgen für die Qualität der Wissensquelle. Auch hier greift wieder der Mechanismus der gegenseitigen Qualitätskontrolle durch die „Power of N". Darüber hinaus ist bei einem geschlossenen Wiki-System sichergestellt, dass nur autorisierte Nutzer das Wiki bearbeiten. Durch die „RecentChanges"-Funktion kann nachvollzogen werden, wer Änderungen an der Seite vorgenommen hat.

---

66 Wagner (2004), S. 276

67 Wagner (2004), S. 277

- Zusammenfügen von (Experten-) Wissen („Distributed knowledge"[68]): Im Unternehmen gibt es viele Wissensträger (es gibt nie eine Person, die über das gesamte Wissen eines Unternehmens verfügt). Erst durch die Zusammenarbeit und das Zusammenfügen des Wissens der einzelnen Mitarbeiter bildet sich für die Gemeinschaft ein nachvollziehbares Gesamtbild des Wissens.

Die nachfolgende Tabelle von Wagner (2004) zeigt einen Überblick, welche Lösungsmöglichkeiten Wiki-Technologie für die Ansprüche von Wissensmanagement-Systemen bzw. -Nutzern liefern kann.

User Needs	Principles	Wiki Characteristics and Features
Ad-hoc knowledge	Incremental, Organic, Universal	Incrementral knowledge creation as question answering; Power of N; Wiki edition features (speed of publication)
Finding knowledge	Unified, Precise, Incremental	Knowledge indexing and hyperlinking; Backlinking[69]; Centralized, web-based resource
Filtering knowledge from noise	Unified, Precise, Convergent	Hyperlinking; Power of N; Removal of duplication

---

68 Wagner (2004), S. 276

69 Backlinks zeigen, welche Seiten auf die aktuelle Seite verlinken (vgl. Szugat/Gewehr/Lochmann (2006), S. 52).

User Needs	Principles	Wiki Characteristics and Features
Quality of source	Open, Organic, Observable	Power of N; Record of history of changes with author information; Ability to comment on changes
Dynamically changing knowledge	Organic, Observable	Power of N; Wiki editing features (history and version management)
Distributed knowledge	Organic	Power of N
Errors and recovery	Open, Tolerant, Observable	Power of N; Wiki editing features (history and version management)
Publication overhead[70]	Mundane, Universal, Overt	Wiki editing features; Wiki publication features

Tabelle 5: Knowledge Management Needs and Corresponding Wiki Design Principles, Characteristics and Features[71]

Wikis können in ihrer Eigenschaft als kollaboratives System eine Vielzahl an Anforderungen des Wissensmanagements erfüllen. Dies resultiert letztlich auch aus ihrer Entstehungsgeschichte. Sie fokussieren die kollaborative Sammlung von Wissen.

---

70 „Knowledge creators should not need to worry primarily only about the knowledge content. Message representation and posting on a shared knowledge repository should be fast, easy, and secure." (Wagner (2004), S. 276)

71 Wagner (2004), S. 278

Wiki-Technologie kann durchaus als Instrument des kollaborativen Wissensmanagements eingesetzt werden.

3.4 Welche Kompetenzen werden für die Nutzung von Wiki-Technologie benötigt?

Die Kompetenzentwicklung ist im Unternehmen die Aufgabe der Personalentwicklung. Doch was genau bedeutet „Kompetenz"[72]? Becker (2005) schreibt dazu: „Kompetenz bezeichnet das Dürfen, das Wollen und das Können einer Person im Hinblick auf die Wahrnehmung einer konkreten Arbeitsaufgabe."[73]

Der Mitarbeiter muss über Handlungsfähigkeit (Können), Handlungsbereitschaft (Wollen) und die entsprechende Zuständigkeit (Dürfen) verfügen, um eine Arbeitsaufgabe zu bewältigen.[74]

Die individuelle Handlungskompetenz eines Mitarbeiters besteht vor allem aus den Faktoren „Können" und „Wollen". Beeinflusst wird die individuelle Handlungskompetenz durch Schlüsselkompetenzen, die sich in folgende Gruppen einteilen lassen:[75]

* Fachkompetenz (Fähigkeit des Mitarbeiters zur Bewältigung konkreter, beruflicher Aufgaben)
* Methodenkompetenz (erworbene Qualifikationen werden vom Mitarbeiter zielorientiert eingesetzt)
* Sozialkompetenz (Fähigkeit des Mitarbeiters mit internen und externen Kollegen sowie Führungskräften und Kunden zusammenzuarbeiten und ein positives Betriebsklima zu schaffen)
* Personale Kompetenz (der Umgang des Mitarbeiters mit sich selbst als reflexiv selbstorganisierte Handlung)

---

72 Der Begriffe „Kompetenz" sowie „Kompetenzentwicklung" werden in der Literatur kontrovers diskutiert. Eine kritische Auseinandersetzung mit den Begriffen soll in der vorliegenden Publikation aber nicht vorgenommen werden.

73 Becker (2005), S. 607

74 Vgl. Becker (2005), S. 9

75 Vgl. ebd.

Die Personalentwicklung kann die Handlungsfähigkeit der Mitarbeiter, also das „Können", z. B. durch Weiterbildungsmaßnahmen zur Vermittlung von Fachwissen unterstützen und ausbauen. Die Handlungsbereitschaft, also das „Wollen", kann nicht durch reine Wissensvermittlungsmaßnahmen unterstützt werden. Zur Förderung der Handlungsbereitschaft der Mitarbeiter müssen z. B. motivierende Maßnahmen oder Anreize geschaffen werden. Die Faktoren „Motivation" und „Anreiz" werden in Kapitel 4.2 näher betrachtet.

Zur Nutzung eines Wikis spielt vor allem die Handlungsbereitschaft eine Rolle. Dies wird deutlich, wenn man die wesentlichen benötigten Kompetenzen für die Wiki-Nutzung näher betrachtet. Die Mitarbeiter und Führungskräfte sollten für die Arbeit mit dem Wiki vor allem über folgende Kompetenzen verfügen:[76]

- Lernbereitschaft und -fähigkeit
  Nur Individuen, die über Lernbereitschaft und -fähigkeit verfügen, machen neue Erfahrungen oder nehmen neues Wissen auf. Lernen ist die Grundlage für Wissen. Nur ein Mensch, der bereit ist, sich und seine Kompetenzen stetig weiterzuentwickeln, wird neues Wissen aufnehmen und anwenden (vgl. Kapitel 2.1).
- Vertrauen
  Das Vertrauen in die Mitarbeiter, dass alle Informationen nach bestem Wissen und Gewissen in das Wiki eingetragen werden.
- Offenheit
  Mitarbeiter müssen bereit sein, ihr Wissen offen darzulegen und zu teilen. Andererseits müssen sie auch das Wissen anderer annehmen können (im Unternehmen muss eine „Knowledge-sharing-culture" bestehen bzw. aufgebaut werden).

---

76   Vgl. Flicker (2007)

- Neugierde
  Die Mitarbeiter müssen auf die Beiträge ihrer Kollegen neugierig sein und diese auch wirklich konsumieren. Ein Wiki darf kein „Wissens-Friedhof" werden, in dem Wissen eingepflegt wird, das nie genutzt wird.
- Eigeninitiative und Selbstverantwortung
  Die Mitarbeiter müssen fähig sein, aus ihrem Informations- und Handlungswissen die relevanten Daten herauszufiltern und diese Daten in das Wiki einzutragen. Nur relevantes Wissen soll dokumentiert werden.
- Spaß und Motivation
  Dies sind wichtige Faktoren, von denen ein Wiki lebt. Die Nutzer müssen Begeisterung für die Philosophie eines Wikis empfinden.
- Abwendung von persönlichen Eitelkeiten
  Mitarbeiter dürfen generell nicht eitel sein, wenn ihre Beiträge im Wiki gegebenenfalls von anderen Mitarbeitern überarbeitet werden.
- Technische Grundlagenkenntnisse
  Die Mitarbeiter müssen über grundlegende Kenntnisse im Umgang mit Computern verfügen. Darüber hinaus muss die Funktionsweise mindestens eines Internet-Browsers bekannt sein.

Hervorzuheben ist die Bereitschaft der Mitarbeiter (relevantes) Wissen zu teilen. Dies setzt laut Knaut (2012) ein hohes Maß an Kooperationsbereitschaft voraus, welche auf verschiedene Art und Weise begünstigt werden kann. Eine Möglichkeit ist z. B. das Vorleben kooperativer Werte durch die Führungskräfte.[77]

---

77 Vgl. Knaut (2012), S. 151

3.5 Chancen und Risiken von Wiki-Technologie als Instrument des Wissensmanagements

Der Einsatz der Wiki-Technologie zeichnet sich durch Vorteile aus, die gleichzeitig auch Gefahren enthalten. Dies muss bei der Implementierung von Wikis als Instrument des Wissensmanagement beachtet werden. Die nachfolgende Aufzählung macht die Risiken an einigen Beispielen deutlich:

1. Die Mitarbeiterbeteiligung

Oft wird technologisch gestütztem Wissensmanagement vorgeworfen, dass es den Menschen ausblendet.[78] Dies trifft auf Wikis nicht zu, denn sie leben von der Beteiligung der Nutzer. Ohne diese Beteiligung funktioniert der Wiki-Gedanke nicht. Die direkte Beteiligung des Menschen ist der Vorteil aber auch gleichzeitig die Schwachstelle von Wiki-Technologie, denn wenn ein Wiki nicht stetig bearbeitet und erweitert wird, „stirbt" es. Die Mitarbeiter müssen also motiviert werden, an dem Wiki mitzuwirken, sonst funktioniert das Wiki-Prinzip nicht.

In Bezug auf die Beteiligung an Communities stellte Nielsen (2006) fest, dass der Inhalt einer Community von nur 1 % der Nutzer erstellt wird. 9 % beteiligen sich gelegentlich in Form von Kommentaren und 90 % konsumieren lediglich die Inhalte, ohne sich zu beteiligen.[79] Diese sogenannte 1/9/90-Regel wird durch eine im Jahr 2012 in Großbritannien durchgeführte Studie in Frage gestellt. Laut dieser Studie hat sich der Anteil der Nutzer, die sich sehr stark beteiligen auf 17 % erhöht. Hinzu kommen 60 %, die sich aktiv beteiligen, wenn auch nicht so stark wie die 17 %-Gruppe. Laut der Studie liegt diese Erhöhung daran, dass im Gegensatz zu dem Jahr 2006 die Beteiligung normaler geworden ist und keinen großen Aufwand mehr erfordert. Trotzdem bleiben 23 %

---

78 Vgl. Schmitz (2006)

79 Vgl. Nielsen (2006)

der Nutzer reine Konsumenten der Inhalte. Das liegt allerdings im Jahr 2012 an einer aktiven Entscheidung des Nutzes. Er möchte nicht, obwohl er es könnte. Eine Unsicherheit in der Anwendung des Mediums ist in der Regel nicht mehr der Auslöser.[80]

Für Organisationen bedeutet dies, dass eine reine Wiki-Anwenderschulung für eine Motivation der Mitarbeiter nicht ausreicht. Es muss für eine aktive und kontinuierliche Beteiligung an der Wiki-Community gesorgt werden.[81] Wie dies geschehen kann soll in Kapitel 4.2 näher betrachtet werden.

Wikis sind zudem nur sinnvoll, wenn die Mehrzahl der Mitarbeiter überhaupt einen Zugang zu einem Computer hat.[82]

2. Die „Power of N"

Ein weiterer Punkt, der sowohl Chancen als auch Risiken beinhaltet, ist die „Power of N"[83]. Durch sie lebt das Wiki, aber kann sie auch für eine ausreichende Qualitätskontrolle sorgen (vgl. Kapitel 3.1)? Einige Unternehmen vertrauen nicht auf die „Power of N" als Instrument der Qualitätskontrolle und lassen Experten aus den jeweiligen Geschäftsbereichen ein Thema inhaltlich betreuen.[84]

3. Spezielle Nutzergruppen

In der „Power of N" verbergen sich weitere Gefahren für das Wiki. Es gibt verschiedene Nutzergruppen, die durch ihr Verhalten ein Wiki

---

80 Vgl. Goodier (2012)

81 Vgl. Figura/Gross (2013)

82 Vgl. ebd.

83 Wagner (2004), S. 277

84 Vgl. Heuer/Trojan (2005)

gefährden können. Es lassen sich z. B. häufig folgende Charaktere identifizieren, die Probleme verursachen:

- „Attention-seekers"[85]

  Dies sind Personen, die keine kooperative Diskussion führen
  wollen. Diese Personen beginnen mit sehr langen oder provo-
  kativen Wiki-Beiträgen einen regelrechten „editing war". Einen solchen Konflikt zu lösen, kostet viel Zeit und Mühe.

- „Neutral Point of View"[86]-Charaktere

  Die Beiträge im Wiki sollen frei von z. B. politischen oder relgi-
  ösen Einflüssen sein, aber diese Neutralität kann bei einigen
  Nutzern ausarten. So können Nutzer zum Beispiel schreiben:
  „Einige Leute könnten der Meinung sein, dass heute schönes
  Wetter ist." Anstatt einfach: „Das Wetter ist schön.". Ein Wiki
  braucht aber klare Aussagen und keine schwammigen Phra-
  sen.

4. Der „Lost in Hyperspace"[87]- Effekt

Die nichtlineare Struktur eines Wikis gibt keine Lesereihenfolge vor.
Dies ist zum einen positiv, da es der Struktur der menschlichen menta-
len Prozesse entspricht, sie kann aber dazu führen, dass der Anwender
durch die Nutzung der Hyperlinks in dem Wiki die Orientierung ver-
liert.[88]

---

85 Ebersbach/Glaser/Heigl/Warta (2008), S. 30

86 Ebersbach/Glaser/Heigl/Warta (2008), S. 31

87 Ebersbach/Glaser/Heigl/Warta (2008), S. 125

88 Vgl. Müller/Dibbern (2006), S. 47

5. Die Wikiquette

Ein Wiki kennt keine Beschränkungen. Wiki-Nutzer können fast uneingeschränkt agieren. Dies ist positiv, da es eine freie Entfaltung ermöglicht. Es kann aber auch zu zwischenmenschlichen Problemen führen. Daher sollten Grundregeln für den Umgang mit dem Wiki im Unternehmen publiziert werden. Die festgelegten Umgangsformen im Wiki werden in der so genannte Wikiquette[89] (abgeleitet von dem Wort „Etiquette") festgehalten. Die wichtigste Grundregel lautet: keine persönlichen Angriffe.

6. Verschriftlichtes Wissen

Das Wiki besteht aus verschriftlichtem Wissen. Dies ist positiv, da es einfach gespeichert werden kann. Es bedeutet jedoch, dass das Wissen erst niedergeschrieben werden muss, um es zu speichern. Leider ist aber nicht jeder Mitarbeiter ein guter Autor. Roehl (2002) schreibt im Zusammenhang mit der Erstellung von Wissensdatenbanken dazu:

> „Doch wer schreibt schon gern, geschweige denn gut, lesbar und für andere verständlich? Dieser erste, von der Formalisierung noch unabhängige Schritt zur Speicherung von Wissen findet deshalb selten Erwähnung, weil er so selbstverständlich scheint. Texte sind jedoch nicht zwingend verständlich. Verfasser und Leser stehen nicht automatisch in einem resonanten Verhältnis zueinander."[90]

Es besteht die Gefahr, dass Texte im Wiki zu lang, zu kompliziert oder zu abstrakt formuliert werden. Dies kann dazu führen, dass die Texte für andere Nutzer kaum oder überhaupt nicht nachvollziehbar sind. Zusätzlich zu Textinhalt können daher auch Videos oder Tondateien sinnvoll sein.

---

89 Vgl. Szugat/Gewehr/Lochmann, S. 62
90 Roehl (2002), S. 89

7. Zugriffsrechte

Einige Wikis bieten keine Möglichkeit, den Zugriff auf bestimmte Bereiche oder Artikel der festgelegten Rolle eines Nutzers zuzuordnen. Im Bereich des Wissensmanagements kann es für ein Unternehmen auch sinnvoll sein, wenn der Wissensträger eines Beitrags kenntlich gemacht wird, damit man weiß, wer über das entsprechende Wissen im Unternehmen verfügt. Allerdings sollten Rollen und Rechte auch individuell einstellbar sein, damit man sensibles Wissen schützen kann. Dies entspricht aber nicht dem traditionellen Grundgedanken eines Wikis, das jedem Nutzer – meist sogar anonym – unbeschränkte Schreib- und Leserechte zusteht.[91]

Jeder Nutzer kann so auch immer jeden Beitrag lesen. Manchmal ist es aber sinnvoll, dass nur eine Abteilung oder ein Bereich des Unternehmens auf bestimmte Bereiche des Wikis zugreifen kann. Das Problem lässt sich am einfachsten durch die Einrichtung separater Wikis, die der jeweiligen Anwendergruppe zugeordnet werden, lösen.[92]

8. Die Bereitschaft zur Wissensteilung

Voraussetzung für das Mitwirken am Wiki ist die Bereitschaft, Wissen zu teilen. Der Aufbau einer Unternehmenskultur, die das Teilen von Wissen fördert (engl. Knowledge-sharing-culture), ist Voraussetzung für ein erfolgreiches Wissensmanagement Adelsberger/Bick/Hanke (2002) betonen dies wie folgt:

„Im Vordergrund steht demnach die Organisation als (Wissens-) Gemeinschaft. Ein erfolgreiches Miteinander wird infolgedessen von einer offenen und vertrauensvollen, aber vor allem aktiv

---

91 Vgl. Figura/Gross (2013)

92 Vgl. Rubarth (2007)

gelebten Kommunikationskultur getragen, die es den Mitarbeitern ermöglicht, ihre innovative Kreativität zu entfalten, voneinander zu lernen und ihr Wissen aktiv miteinander zu teilen."[93]

Eine Knowledge-Sharing-Culture ist also vor allem eine Kommunikationskultur.

9. Technik

Eine möglichst einfache Bedienung erleichtert den Einstieg in eine neue Software und senkt den Bedarf nach Schulungen. Ein wesentlicher Faktor dabei sind die WYSIWYG[94]-Editoren, die der Oberfläche von gängigen Office-Programmen entsprechen.[95] Sie erleichtern Mitarbeitern den Umgang mit dem Wiki-System, da sie die wesentlichen Textverarbeitungsfunktionen schon kennen.

Auch die Anpassung des Wikis an die Organisation ist wichtig. So fördert z. B. ein bekanntes Layout in den Unternehmensfarben die Akzeptanz des Systems bei den Mitarbeitern.

Auch Erweiterungsmöglichkeiten des Wikis durch sogenannte Plugins sollten im Rahmen der technischen Anpassung an die spezifischen Wünsche einer Organisation beachtet werden.[96] Plugins sind kleine, zusätzliche Module, die als Ergänzung zu der Software installiert werden können.[97] So gibt es z. B. Kalenderfunktionen oder spezielle Druckfunktionen (Ausgabe einer Seite als pdf-Datei), die zusätzlich auf Wunsch installiert werden können.

---

93 Adelsberger/Bick/Hanke (2002), S. 539

94 What you see is what you get

95 Vgl. Figura/Gross (2013)

96 Vgl. ebd.

97 Vgl. Ebersbach/Glaser/Heigl/Warta (2008), S. 262

Das Wiki sollte zudem in die bestehende Software- und Server-Landschaft integrierbar sein.

Wenn sich ein Unternehmen für die Einführung eines Wikis als Instrument des kollaborativen Wissensmanagements entschieden hat, müssen mehrere Faktoren bei der Implementierung beachtet werden. Das folgende Kapitel gibt einen Überblick.

4 Wichtige Aspekte und Faktoren bei der Implementierung von Wiki-Technologie in den Wissensmanagementprozess

4.1 Vorgehen bei der Einführung

Wissensmanagementkonzepte müssen immer individuell an die Gegebenheiten in einem Unternehmen angepasst werden. Im Mittelpunkt jedes Konzeptes muss immer der Mensch stehen, denn ohne die Unterstützung der Mitarbeiter funktioniert kein Wissensmanagementkonzept (vgl. Kapitel 2.1).

Doch Widerstände können gerade bei der Implementierung leicht auftreten. Im Bezug auf die Einführung von Wikis als Instrument des Wissensmanagements kann es z. B. schon bei dem oberen Management Bedenken geben: Zu unstrukturiert, zu chaotisch, zu unsicher und somit ungeeignet für die Geschäftswelt[98], so lauten häufig die Vorurteile. Für den Erfolg eines Wikis ist es allerdings wichtig, dass die Unternehmensführung Impulse setzt und mit gutem Beispiel voran geht. Optimale Rahmenbedingungen für die Zusammenarbeit und den Wissensaustausch per Wiki sind wesentlich.[99]

Von großer Bedeutung für einen Erfolg ist zudem – wie bereits erwähnt – das aktive Mitwirken der Mitarbeiter. Sie müssen das Wiki nicht nur als weiteres Werkzeug sehen, das ihnen Arbeitszeit stielt, sondern als wertvolles Instrument, das ihre Arbeit erleichtert, indem es ihnen Wissen zugänglich macht.[100]

Neben dem klassischen Prozessablauf der Implementierung einer Software, auf den hier im Einzelnen nicht eingegangen wird, sollten bei

---

98   Vgl. Heuer/Trojan (2005)

99   Gehrlein (2016), S. 29

100   Vgl. Figura/Gross (2013)

der Implementierung eines Wikis einige wichtige Besonderheiten beachtet werden. Wichtig ist vor allem, dass die Wiki-Einführung nicht nur als IT-Projekt gesehen wird. So schreibt Gehrlein (2016):

> „Erfolgsentscheidend ist die Erkenntnis, dass die Einführung von Wissensmanagement kein reines IT-Projekt ist. Vielmehr entscheidet das Zusammenspiel von Mensch, Organisation und Technik über die erfolgreiche Implementierung."[101]

Es ist also wichtig neben Mitarbeitern aus dem Bereich der Informationstechnik auch Vertreter der Personal- bzw. Organisationsentwicklung in den Einführungsprozess zu integrieren und in einem ersten Schritt ein Cross-functional-Team zu bilden. Ob es auch einen Wiki-Beauftragen im Unternehmen geben sollte, der als direkter Ansprechpartner für die Mitarbeiter in Bezug auf das Wiki fungiert, kommt auf die Größe des Unternehmens an. So müsste vorab entschieden werden, ob eine Vollzeitstelle eingerichtet werden kann oder die Aufgaben sich in eine andere Stelle als Teilaufgabe integrieren lassen.

Wie bei jedem Projekt, sollte zunächst die Analyse der IST-Situation erfolgen. Das Team kann sich dafür z. B. mit folgenden Fragestellungen auseinander setzten:[102]

- Gibt es Wissensmanagementansätze im Unternehmen?
- Wie wird Wissensmanagement bisher von den Mitarbeitern praktiziert?
- Eignet sich die Unternehmenskultur für den Einsatz eines Wikis?

---

101 Gehrlein (2016), S. 27

102 Die Liste der Fragen ist nicht vollständig und sollte – ausgehend von den Bedingungen im Unternehmen – ergänzt werden. Die IST-Situation kann auch mit Hilfe einer Fragebogenaktion im Unternehmen evaluiert werden.

- Wie gestaltet sich die Organisationsstruktur im Unternehmen? Muss diese evtl. für die Einführung des Wikis angepasst werden?
- Wie werden von den Mitarbeitern bestehende Kommunikationsinstrumente genutzt?
- Müssen im Vorfeld Maßnahmen zur Kompetenzentwicklung bei den Mitarbeitern durchgeführt werden (durch Schulungen, Trainings oder Seminare)?

Auf der technischen Seite müssen vor der Einführung eines Wikis folgende Fragen von dem Team geklärt werden:

- Welche Wiki-Lösung soll genutzt werden?
  Zur Beantwortung dieser Frage eignet sich das Festlegen von Auswahlkriterien und Gegenüberstellung der verfügbaren Lösungen z. B. mit Hilfe der Internetseite WikiMatrix.
- Wie soll das Wiki in die bestehende IT-Landschaft des Unternehmens integriert werden? Eignet sich evtl. die Einbindung in ein bestehendes Intranet?

Die Beantwortung dieser Fragen liegt vor allem im Bereich der Informationstechnologie. Es sollte hierfür unbedingt vorab eine IST-Analyse der IT-Landschaft im Unternehmen durchgeführt werden.

Nach der Untersuchung der IST-Situation sollte sich das Team mit der SOLL-Analyse befassen. Hierfür eignen sich z. B. folgende Fragestellungen:[103]

- Was soll mit dem Wiki erreicht werden?
- Was soll besser werden?
- Welche Vision besteht bzgl. des Einsatzes des Wikis im Unternehmen?

---

[103] Die Liste der Fragen ist nicht vollständig und sollte – ausgehend von den Bedingungen im Unternehmen – ergänzt werden.

Nach der Bearbeitung der Fragestellungen kann ein SOLL-IST-Vergleich stattfinden, um den Handlungsbedarf zu identifizieren. Wenn sich das Team für die Implementierung eines Wikis entscheidet, sollte z. B. anhand des festgelegten Handlungsbedarfs ein Projektplan zur Implementierung erstellt werden.[104]

Die Installation des Wikis sollte von den IT-Administratoren übernommen werden, da diese Installation Erfahrung mit Server-Konfiguration und Datenbanken erfordert (vgl. Kapitel 3.1).

Bei der Konfiguration des Wikis sollten noch einige grundsätzliche Einstellungen überdacht werden:

- Editierrechte
  Es können Editierrechte vergeben werden, so können nur ausgewählte Mitarbeiter an dem Wiki mitwirken. Dies schränkt das Wiki aber sehr ein und entspricht nicht der „Power of N"-Philosophie.

- Seiten sperren
  Der Administrator kann Seiten sperren. Dies kann sinnvoll sein, wenn ein Thema bereits erschöpfend behandelt wurde. Die gesperrte Seite kann noch angesehen werden, aber es kann kein Wissen mehr hinzugefügt werden. Ob diese Option bestehen soll, ist eine Grundsatzentscheidung, die das Implementierungs-Team treffen muss.

- Registrationspflicht
  Die Nutzer müssen sich registrieren, bevor sie eine Seite bearbeiten können. Dies kann z. B. mit der Angabe einer E-Mailadresse

---

104 Auf die Methoden der Projektplanung wird in dieser Arbeit nicht eingegangen. Es wird auf die Vielzahl an vorhandener Fachliteratur zu diesem Thema verwiesen.

durchgeführt werden. Auffällige Nutzer, die dem Wiki Schaden zufügen, können so identifiziert und gesperrt werden. Es gibt aber auch andere Gründe für die Einführung einer Registrationspflicht. So schreibt Dennison (2006):

> „We don't allow anyone to publish into any of our Web 2.0 tools anonymously. The ethos we are trying to engender is: ‚say what you like, but you'll be held accountable for what you say'."[105]

Die Einrichtung einer Registrationspflicht ist eine Grundsatzentscheidung, die das Implementierungs-Team treffen muss. In diesem Zusammenhang muss auch die Datenschutzerklärung des Unternehmens geprüft werden. Eventuell lässt es sich nicht mit dem Datenschutz vereinen, wenn jeder Zugriff inklusive Benutzerdaten gespeichert wird.

- Feeds für das Wiki einrichten
  Einige Wikis können „Feeds" erzeugen (to feed = engl. füttern). Diese Feeds können von einem Nutzer abonniert werden. Feeds informieren den Abonnenten, ähnlich wie ein E-Mail-Newsletter, über neue Beiträge im Wiki. So muss der Abonnent nicht regelmäßig im Wiki nachschauen, ob es neue Einträge gibt, sondern wird automatisch informiert (also mit Informationen „gefüttert"). Feeds werden über einen so genannten Feed-Reader (auch RSS-Reader[106], News-Reader oder Feed-Aggregator) angezeigt. Der Feed-Reader durchsucht die Liste der abonnierten Feeds regelmäßig nach neuen Beiträgen und präsentiert diese dann dem Abonnenten (Subscribe-Mechanismus[107]).

---

105 Dennison (2006)

106 Das häufigste Format für Feeds ist „RSS" (Realy Simple Syndication).

107 Vgl. Müller/Dibbern (2006), S. 47

- Sicherheit
  Das Implementierungs-Team sollte sich mit der Sicherheit des Wikis befassen. Wenn es sich um ein geschlossenes Unternehmens-Wiki handeln soll, muss ein Zugriff von außen verhindert werden, um das Wissen zu schützen. An dieser Stelle sollten vor allem die IT-Administratoren aktiv werden und Sicherheitselemente entwickeln.[108]

Wenn diese Grundsatzentscheidungen geklärt sind, kann das Wiki mit einer groben Struktur und einigen Inhalten gefüllt werden, damit die ersten Besucher des Wikis nicht vor einem „leeren Blatt" sitzen. Relevante Themen zur Füllung des Wikis sollten vorher von dem Implementierungs-Team gesammelt werden. An dieser Stelle können auch Experten aus den Geschäftsbereichen eingebunden werden, die gegebenenfalls bestimmte Themenbereiche im Wiki betreuen sollen. Es muss ebenfalls entschieden werden, ob ein solches Expertenteam für die Qualitätskontrolle eingesetzt werden soll oder ob auf die „Power of N" vertraut wird.

Der nächste Schritt besteht in der frühzeitigen Information der Anwender und einer ersten Präsentation des Wikis. Die frühzeitige Information der Mitarbeiter ist sehr wichtig, um Transparenz herzustellen. Es muss genau erläutert werden, worum es bei der Einführung des Wikis geht und was erreicht werden soll. Wenn es gelingt, sowohl die Mitarbeiter als auch die Führungskräfte zu informieren und frühzeitig an dem Implementierungsprozess zu beteiligen, können Ängste oder Misstrauen umgangen oder zumindest gemildert werden. Es sollte unbedingt vermieden werden, bei den Mitarbeitern aus Unwissenheit,

---

108 Jedes Unternehmen verfügt heute im Normalfall über Sicherheitsinstrumente, wie Virenscanner, Firewall oder Anti-Spyware. Der Schutz gegen Angriffe auf das IT-System ist aber Aufgabe der IT-Abteilungen und soll in dieser Arbeit nicht näher betrachtet werden.

Widerstand entstehen zu lassen. Das Wiki sollte nicht als etwas komplett Neues dargestellt werden. Viele Menschen reagieren zögerlich oder sogar ängstlich auf radikale Änderungen. Dennison (2006) beschreibt, wie dies verhindert werden kann:

> „People are instinctively fearful of radical change. We've altered our approach and positioned Web 2.0 technology as an evolutionary step: ‚we've been doing this for years with e-mails, discussion forums and so on. This technology just makes it easier and faster to communicate and collaborate'."[109]

In manchen Fällen ist es sinnvoll, ein Wiki vorerst nur als Pilotprojekt einzuführen und einer ausgewählten Testgruppe (z. B. einer Projektgruppe) zur Verfügung zu stellen.

Eine kurze freiwillige Anwenderschulung kann von der Personalentwicklung angeboten werden, falls es Mitarbeiter im Unternehmen gibt, die noch nie mit einem Wiki gearbeitet haben. In dieser Schulung können das Wiki-Prinzip und die Wiki-Syntax vermittelt werden.

Wenn das Wiki erfolgreich implementiert wurde, erfolgt eine kontinuierliche Implementierungskontrolle. Hierbei sollten vor allem die Faktoren Akzeptanz, Partizipation, Integration in den Arbeitsprozess, Lernerfolg, Technik sowie Unterstützung durch die Geschäftsleitung und das Management kontrolliert werden.[110] In kontinuierlichen Abständen sollte eine Evaluation erfolgen. Hier können z. B. Fragebögen eingesetzt werden oder Leitfaden-Interviews mit den Mitarbeitern geführt werden. Nur so kann man feststellen, ob man den vorher definierten SOLL-Zustand auch erreicht hat.

---

109 Dennison (2006)

110 Vgl. Winkler/Mandl (2004), S. 218

4.2 Anreiz und Motivation der Mitarbeiter

Wie schon erwähnt ist die Motivation der Mitarbeiter wesentliche für den Erfolg des Wissensmanagements. Doch häufig wird diesem Punkt bei der Implementierung des Wissensmanagements keine Beachtung geschenkt. So schreiben Fank/Döring Katerkamp (2002):

> „Laut der Studie ‚Der Markt für Knowledge-Management in Deutschland' der Meta-Group aus dem Jahr 2001, wurden in den meisten Unternehmen die „Knowledge Management-Projekte" durchführten, jedoch überhaupt keine Motivierungsmaßnahmen angedacht. Man überlies die Sache sich selbst und hoffte auf die Überzeugungskraft der (zukünftigen) Vorteile des Knowledge Managements und auf die Fähigkeit der Mitarbeiter, diese Vorteile zu erkennen."[111]

Dieses Vorgehen stellt ein grundlegendes Problem des Wissensmanagements dar. Es werden keine Motivationsmaßnahmen ergriffen, um die Mitarbeiter zur Teilnahme am Wissensmanagementprozess zu ermuntern. Doch gerade diese Motivation ist wichtig, denn in den meisten Unternehmen stehen die Mitarbeiter Wissensmanagementaktivitäten eher ablehnend gegenüber. Gründe hierfür sind z. B.:[112]

- Keine Zeit
- Angst vor Machtverlust
- Mangelnde Bedienerfreundlichkeit der eingesetzten Software
- Angst vor einer Blamage
- Mangelndes Verständnis für den Nutzen
- Keine Lust

Wenn ein Wiki im Unternehmen erfolgreich sein soll, dürfen diese Ablehnungsgründe der Mitarbeiter nicht ignoriert werden. Um diese

---

111 Fank/Döring Katerkamp (2002)

112 Vgl. Fank/Döring Katerkamp (2002)

Hürden zu überwinden muss ein Unternehmen aktiv auf die Motivation der Mitarbeiter einwirken. Im nächsten Abschnitt dieser Arbeit soll daher untersucht werden, was Mitarbeiter zu einer kontinuierlichen Mitarbeit an einem Wiki motivieren könnte. Darüber hinaus soll die Anwendung von möglichen Anreizsystemen näher betrachtet werden. Ist es sinnvoll, Anreizsysteme für die Mitarbeit am Wiki zu entwickeln?

Es gibt einige Maßnahmen, wie z. B. die Benennung eines „Wiki-Champions", einer Person, die den Wiki-Gedanken in einer Art Vorbildfunktion vorantreibt[113], aber ein umfassender Ansatz zur Entwicklung eines Anreizes existiert noch nicht.

Um sich der Beantwortung der Frage anzunähern, soll daher zunächst untersucht werden, welche Motivation die Nutzer von Wikipedia zu einer freiwilligen Mitarbeit antreibt.

Die Universität Würzburg führte diesbezüglich eine Befragung unter Wikipedia-Nutzern durch.[114] Die Würzburger Psychologen bekamen heraus, dass Wikibearbeiter durchschnittlich zwei Stunden pro Tag in ihrer Freizeit an Wikipedia arbeiten. Motiviert werden sie dabei durch das Interesse, die Qualität von Wikipedia zu verbessern, und aus der Überzeugung, dass Informationen frei sein sollten, sowie die Freude am Schreiben.[115] Abbildung 3 zeigt einen Überblick über die Ergebnisse:

---

113 Vgl. Müller/Dibbern (2006), S. 49

114 Vgl. Schroer/Hertel (2007), S. 27

115 Vgl. Kuhlen (2006), S. 5

(n=106)

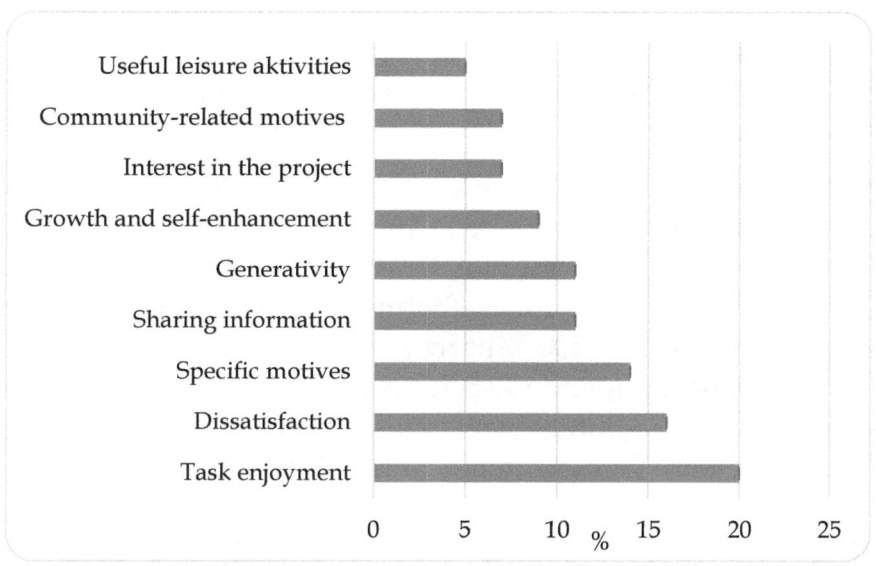

Abbildung 3: Motive für die Mitarbeit an Wikipedia (n = 106)[116]

20 % der befragten Nutzer beteiligen sich an Wikipedia aus Gründen des „Task enjoyment". Unter diesem Begriff sind Antworten wie „Ich mag es, mit Texten zu arbeiten" oder „Mir bringt es Spaß, zu schreiben" zusammengefasst. Das „Task enjoyment" ist ein intrinsisches Motiv und dies zeigt, wie wichtig intrinsische Motive für ein Engagement bei einem Wiki sind.

Die Motivationspsychologie unterscheidet zwischen intrinsischer und extrinsischer Motivation. Die extrinsische Motivation dient einer unmittelbaren Bedürfnisbefriedigung, die außerhalb des zu motivierenden Bereichs liegt. In Bezug auf den Beruf bedeutet dies, dass die unmittelbare Bedürfnisbefriedigung außerhalb der Arbeitstätigkeit z.B.

---

[116] Eigene Darstellung in Anlehnung an Schroer/Hertel (2007), S. 27

durch die Entlohnung erfolgt. Die intrinsische Motivation hingegen erfolgt unmittelbar aus der Tätigkeit heraus, die als herausfordernd oder befriedigend empfunden wird. „Individuen sind meist nicht nur extrinsisch bzw. intrinsisch motiviert, sondern diese beiden Zustände stellen eher die Endpunkte des Kontinuums dar."[117]

Um die Mitarbeiter zur Mitwirkung an einem Wiki zu motivieren ist die Verwendung von materiellen Anreizen eher ungeeignet. Dafür sprechen auch die Ergebnisse der Umfrage unter Wikipedia-Teilnehmern (siehe Abbildung 1). Ein weiterer Beleg hierfür ist das Ergebnis einer Umfrage unter rd. 400 Mitarbeitern eines Telekommunikationsanbieters (siehe nachfolgende Tabelle). Lediglich 8 % der befragten sind der Meinung, dass ein Bonus-System mit Anreizen zu einer Beteiligung und Nutzung einer IT-gestützten Community beitragen würde.

Welche Rahmenbedingungen würden Ihrer Meinung nach dazu beitragen, die Beteiligung und Nutzung an einer Community zu fördern?	*Ergebnis in %* *(n= rd. 400)*
Anerkennung durch Kollegen	46
Anerkennung durch Vorgesetzte	36
Anerkennung durch Geschäftsleitung	22
Bonus-Systeme mit Anreizen z. B. Incentives	8
Sonstige	18

Tabelle 6: Auszüge aus einer internen Befragung bei einem Telekommunikationsanbieter[118]

Wie motivationspsychologische Untersuchungen belegen, kann die finanzielle bzw. extrinsische Belohnung einer Aufgabe die intrinsische

---

117 Semar (2004) S. 3

118 Fank/Döring Katerkamp (2002)

Motivation der Aufgabe verdrängen. Für das Wissensmanagement besteht dann die Gefahr, dass durch extrinsische Anreizsysteme die aus der Tätigkeit erwachsende Motivation zur Kommunikation und Nutzung des Wissens untergraben wird.[119] Dies wäre nicht im Sinne des kollaborativen Wissensmanagements.

Es konnten diesbezüglich bei der Anwendung von Wissensmanagement-Software in Unternehmen Erfahrungen gemacht werden. So gab es Ansätze, die Qualität des mitgeteilten Wissens zu bewerten, z. B. durch die Registrierung der Abrufhäufigkeit von Dokumenten oder die direkte Bewertung von Inhalten durch Kollegen. Doch diese Systeme scheiterten, da sich schnell Verhaltensweisen bei den Mitarbeitern herausbildeten, die das System untergruben. So riefen z. B. Kollegen permanent die Dokumente von befreundeten Autoren auf, um deren Quote nach oben zu treiben.[120]

Um solche Verhaltensweisen zu vermeiden, sollte vor allem auf intrinsische Motivation zurückgegriffen werden. Die Tabelle 7 zeigt Merkmale einer Arbeitsaufgabe bei intrinsischer Anreizgestaltung.

Im Zusammenhang mit kollaborativen Arbeitsaufgaben, wie bei einem Wiki, muss festgehalten werden, dass zu den motivierenden Merkmalen einer Tätigkeit vor allem die soziale Interaktion mit anderen Menschen gehört (vgl. Tabelle 7). Semar (2004) schreibt dazu:

> „Erledigen mehrere Menschen gemeinsam eine Aufgabe, steigt gewöhnlich das Interesse an und das Engagement für die Aufgabe. Der Austausch mit anderen ist anregend, gemeinsame Ziele erhöhen das Gefühl der Verantwortung des Einzelnen und können zu Höchstleistungen anstacheln."[121]

---

119 Vgl. Nerdinger (2004), S. 93

120 Vgl. Fank/Döring Katerkamp (2002)

121 Nerdinger (2004), S. 95

Abwechslungsreichtum	Unterschiedliche Fähigkeiten, Kenntnisse und Fertigkeiten der Akteure werden angesprochen
Arbeitsinhalt	Anspruchsvolle und interessante Arbeitsinhalte
Ganzheitlichkeit	Die Akteure arbeiten von Anfang bis Ende an einer Aufgabe
Soziale Interaktion	Die Akteure arbeiten kollaborativ
Autonomie	Die Akteure haben Entscheidungsmöglichkeiten
Feedback	Akteure erhalten regelmäßige Rückmeldungen (Anerkennung und Verbesserungsvorschläge) über ihre Leistungen
Zielklarheit, -akzeptanz, -schwierigkeit	Ziele müssen vorab klar definiert werden

Tabelle 7: Merkmale einer Arbeitsaufgabe bei intrinsischer Anreizgestaltung[122]

Die gemeinschaftliche Arbeit an dem Wiki, kann folglich schon das Interesse und das Engagement der Mitarbeiter für ein Mitwirken am Wiki wecken. Hierfür ist auch eine offene und vertrauensvolle Unternehmenskultur förderlich.

Der Begriff der Kultur lässt sich in Bezug auf eine Organisation als die Menge kollektiver Werte und Handlungen definieren, die die Mitglieder dieser Organisation von den Mitgliedern einer anderen unterscheiden.[123] Sie zeigt sich z. B. in Ritualen und Symbolen.[124] Schein (1995) definiert Unternehmenskultur wie folgt:

---

122 Semar (2004), S. 8

123 Vgl. Hofstede/Hofstede (2004), S. 282f.

124 Vgl. Hofstede/Hofstede (2004)

„Ein Muster gemeinsamer Grundprämissen, das die Gruppe bei der Bewältigung ihrer Probleme, externer Anpassung und interner Integration erlernt hat, das sich bewährt hat, und das somit als bindend gilt; und das daher an neue Mitglieder als rational und emotional korrekter Ansatz für den Umgang mit Problemen weitergegeben wird."[125]

Die Unternehmenskultur beeinflusst das tägliche Arbeitsumfeld eines Mitarbeiters und seinen Umgang mit anderen Mitgliedern der Organisation wie Kollegen und Führungskräften. Fördert die Unternehmenskultur den Austausch zwischen den Mitgliedern der Organisation kann dies auch förderlich für das Wissensmanagement sein.

Motivation muss also nicht unbedingt gefördert oder angeregt werden. Es ist manchmal ausreichend, wenn die Organisation Rahmenbedingungen bietet, die eine ohnehin existierende Motivation der Mitarbeiter zur Entfaltung bringt.[126]

Majchrzak/Wagner/Yates (2006) führten eine Befragung unter Nutzern von Unternehmens-Wikis durch.[127] Im Rahmen dieser Studie wurde u. a. die Frage gestellt, welche Vorteile (Benefits) sich die Nutzer von der Mitwirkung an einem Wiki erhoffen. Es ergaben sich bei der Auswertung drei Schwerpunkte:

- Reputation: Gesteigertes Ansehen im Unternehmen, von anderen respektiert werden, beruflichen Status verbessern
- Arbeitsplatz: Vereinfachung der eigenen Arbeitsprozesse
- Unternehmen: Unterstützung des Unternehmens bei der Verbesserung der internen Prozesse

Die Einführung eines Wikis führt aber nicht automatisch dazu, dass die beteiligten Mitarbeiter alle o. g. Benefits gleichzeitig empfinden.

---

125 Schein (1995), S. 25

126 Vgl. von Rosenstiel (2000), S. 388

127 Vgl. Majchrzak/Wagner/Yates (2006), S. 99

Die Art des persönlichen Benefits hängt auch von der Einstellung und den Erwartung des jeweiligen Mitarbeiters ab.

Anhand der Regression in Tabelle 8 kann davon ausgegangen werden, dass ein Mitarbeiter, dessen tägliche Aufgaben nicht aus Routinearbeiten bestehen, sondern stetig neue Lösungen benötigen, alle drei Benefits empfindet. Je weniger Routineaufgaben bei seiner Arbeit eine Rolle spielen, desto stärker werden alle drei Benefits wahrgenommen. In anderen Fällen werden nur einzelne Benefits empfunden. Je ausgeprägter bei einem Mitarbeiter das Expertenwissen ist, desto stärker empfindet diese Person den Faktor „Reputation" als Benefit.

Das jeweilige Individuum und sein Umfeld sind also letztendlich wesentlich dafür verantwortlich, welche Benefits durch die Mitarbeit an einem Wiki wahrgenommen werden.

Zusammenfassend lässt sich an dieser Stelle festhalten, dass die Arbeit an einem Wiki ist intrinsisch motiviert ist. Schon die gemeinsame Arbeit an einem Wiki kann eine ausreichende Motivation sein. Unterstützend hierfür ist eine offene und vertrauensvolle Unternehmenskultur.

Personen, die sich an einem Unternehmens-Wiki beteiligen, sehen vor allem Benefits in den Bereichen persönliche Reputation, Vereinfachung der eigenen Arbeitsaufgaben und Verbesserung der internen Unternehmensprozesse. Welchen dieser Benefits ein Mitarbeiter sich genau von der Mitwirkung am Wiki erhofft, ist allerdings individuell geprägt.

	Organization Benefits (n=168)	Reputation Benefits (n=168)	Work Benefits (n=168)
Degree to wich the individual believes there is a need for collaboration (because tasks requires new solutions)	sg[128]	sg	sg
Degree to which the individual believes there is a need for collaboration (because task requires others' inputs),	--	--	sg
has the capability to collaborate effectively (with task expertise),	--	sg	sg
believes others in the collaboration have credible knowledge to contribute,	sg	sg	sg
is reliant primarily on the wiki for collaboration,	--	--	sg negative
has a formal role for collaboration on the wiki (such as a member of the wiki's core group)	--	--	sg
Adjusted R^2	.15	.21	.31

Tabelle 8: Regressions of Benefits on Influencing Factors[129]

---

128 „sg" weist auf eine statistisch signifikante Einwirkung hin.

129 Majchrzak/Wagner/Yates (2006), S. 102

Abschließend zu dieser Betrachtung soll nochmals auf die Online-Enzyklopädie Wikipedia verwiesen werden. Wikipedia (vgl. Kapitel 3.2) ist ein Phänomen des Web 2.0.

„Das Schlagwort Web 2.0 wurde von Dale Dougherty (Mitbegründer des Computer-Fachverlags O'Reilly) geprägt. Gemeint ist damit eine Akzentverschiebung von der Betrachtung des Internets als Verteilmedium mit einem aktiven Sender und vielen passiven Empfängern hin zu einem Kommunikationsmedium, bei dem jeder Empfänger zugleich auch ein Sender von Informationen sein kann."[130]

Beispiele hierfür sind Weblogs oder Wikis. Das Web 2.0 wird häufig als „Mitmach-Web" bezeichnet. Der Trend geht zur Beteiligung der Konsumenten an der Erstellung von Inhalten.

Dieser Boom lässt sich für das Wissensmanagement nutzen. Auch vielen Mitarbeitern reicht es nicht mehr, vorgefertigte Inhalte zu konsumieren.[131] Die Möglichkeit, eigene Inhalte anzufertigen, bietet ihnen ein Wiki.

Offen bleibt aktuell die Frage, wie sich Wikis in Bezug auf die Nutzung mit mobilen Endgeräten entwickeln werden.

Die meisten Wikis sind noch nicht für z. B. Smartphones ausgelegt.[132] Dabei kann der Einsatz von mobilen Endgeräten Vorteile bringen.

Brandl/Aschbacher/Hösch (2015) stellen fest, dass Mitarbeiter mittels mobiler Endgeräte die Möglichkeit haben, während der Erledigung der jeweiligen Tätigkeit auf das Wissen zuzugreifen oder es zu dokumentieren z. B. mittels Datenbrille. Dies kann speziell in Arbeitsbereichen wie der Fertigung angewendet werden, da dort keine Büroarbeitsplätze vorhanden sind. Inhalte wie Videos, Fotos oder Sprachdateien

---

130 Jechle/Markowski/Nunnenmacher (2007), S. 28

131 Vgl. Flicker (2007)

132 Vgl. Figura/Gross (2013)

können über mobile Endgeräte konsumiert werden.[133] Welche Rolle ein Wiki dabei spielen könnte, wäre ein Feld für neue Forschungsfragen.

---

133 Vgl. Brandl/Aschbacher/Hösch (2015), S. 227

5 Zusammenfassung und Fazit

5.1 Zusammenfassung

Ein Wiki ist eine einfach zu bedienende Datenbank mit Hyperlinks. Das Programm gibt keine Struktur vor und kann von den Nutzern nach eigenen Wünschen und Vorstellungen gestaltet werden. Die Einsatzgebiete sind daher vielfältig.

Jeder Nutzer kann in dem Wiki neue Inhalte hinzufügen oder alte Texte ergänzen. Das bekannteste Wiki ist die Online-Enzyklopädie Wikipedia.

Wikis sind einfach und schnell zu beschaffen, da sie als Open-Source-Software meist frei im Internet erhältlich sind.

Durch das Web 2.0, das so genannte „Mitmach-Web" haben sich Menschen an die Erstellung von Inhalten in sozialen Medien gewöhnt. Dies kann für den Einsatz von Wikis für das Wissensmanagement im Unternehmen förderlich sein. Mitarbeiter können ihr Wissen direkt in das Wiki eintragen und gemeinsam eine Wissensbasis erarbeiten. Dabei entspricht ein Wiki den Anforderungen des kollaborativen Wissensmanagements. Der Kern des kollaborativen Wissensmanagements ist eine von den Mitarbeitern gemeinsam erarbeitete Wissensbasis, auf die kollektiv zugegriffen werden kann.

Besonders die direkte Mitarbeiterbeteiligung bedeutet für das Wiki die größte Chance, aber auch gleichzeitig das höchste Risiko. Ohne Mitarbeiterbeteiligung kann kein Wiki mit Inhalten gefüllt werden, sie ist also die Grundlage für die Funktionsfähigkeit des Wikis. Gleichzeitig hat die Mitarbeiterbeteiligung aber auch Auswirkungen auf die Qualität der Beiträge. An dieser Stelle ist es wichtig, bei den Mitarbeitern die notwendigen Kompetenzen zur Kommunikation und Aufnahme von Wissen zu vermitteln. Der Aufbau einer „Knowledge sharing culture" ist hierbei von großer Bedeutung.

5.2 Fazit

Ein Wiki kann als kostengünstiges und leicht zu bedienendes Instrument des kollaborativen Wissensmanagement eingesetzt werden. Die Einstiegshürden bei der Implementierung sind niedrig. Ein Wiki kann ohne hohen Administrationsaufwand eingeführt werden. Das System zeichnet sich durch die einfache Nutzung verbunden mit effektiven Kontroll- und Sicherungsfunktionen aus.

Die wesentlichen Probleme eines Wissensmanagementinstruments wie Zeitaufwand und Motivation der Mitarbeiter bleiben aber bestehen. An dieser Stelle müssen die Bereiche Wissensmanagement und Personalentwicklung eng zusammenarbeiten.

Wenn ein Unternehmen anstatt einer kommerziellen Wissensmanagementsoftware ein Wiki einsetzt, könnten die eingesparten Gelder in betriebliche Weiterbildung fließen, um die für das Wissensmanagement relevanten Kompetenzen bei den Mitarbeitern zu schulen. So können Personalentwicklung und Wissensmanagement gemeinsam an der Entwicklung einer „Knowledge-sharing-culture" im Unternehmen arbeiten. Die Nutzung des Wikis muss in den betrieblichen Alltag aufgenommen und als Selbstverständlichkeit angesehen werden, nur so kann es funktionieren. Wichtig ist die Erkenntnis, dass Wikis kein Allheilmittel sind. Wie jede Technologie transportieren sie letztendlich nur Daten und Informationen. Wissen ist das, was der Mensch daraus macht. Es ist nur dann für das Unternehmen von Wert, wenn es in Aktionen umgesetzt wird.

Wissensmanagement und Personalentwicklung müssen zusammenarbeiten, wenn es darum geht, den Mitarbeitern geeignete Kompetenzen zu vermitteln, damit sie wissen, welche Informationen für sie wichtig sind. Die Mitarbeiter müssen fähig sein, Informationen zu filtern, zu beurteilen und schließlich in konkrete Handlungen umzusetzen.

Eine große Hürde bei der Anwendung von Wikis im Unternehmen ist die Mitarbeiterbeteiligung. Mitarbeiter wirken nur an einem Wiki mit, wenn sie persönlich einen Vorteil (Benefit) davon haben: Persönliche Reputation, Vereinfachung von Arbeitsaufgaben und Verbesserung der internen Unternehmensprozesse spielen hierbei eine Rolle. Die Mitarbeit an einem Wiki ist rein intrinsisch motiviert. Anreizsysteme, die eine materielle Belohnung versprechen, sind daher bedenklich und können eher negative Auswirkungen auf ein Wiki haben.

Doch was kann man tun, wenn trotz aller Bemühungen ein Wiki im Unternehmen keinen Erfolg hat? Da ein Wiki als Open-Source-Software erhältlich ist, kann es einfach und schnell wieder abgeschafft werden, wenn es sich nicht bewährt. Es entsteht kein Verlust durch hochpreisige Softwarelizenzen wie bei manchen anderen technologischen Lösungen.

Insgesamt lässt sich sagen, der Versuch, ein Wiki als Instrument des kollaborativen Wissensmanagements einzusetzen, lohnt sich auf jeden Fall. Man hat viel zu gewinnen, aber wenig zu verlieren.

Literaturverzeichnis

Adler, F./ Frost, I./ Gross, D. (2011): Wikis für Wissensmanagement in Organisationen. URL: http://www.pumacy.de/publikationen/wikis_fuer_wissensmanagement.html (Stand: 22.08.2016)

Alex, B./Becker, D./Stratmann, J. (2002): Ganzheitliches Wissensmanagement und wertorientierte Unternehmensführung. In: Götz, K.: Wissensmanagement: Zwischen Wissen und Nichtwissen, Rainer Hampp Verlag, München u. Mering, S. 47-67

Adelsberger, H./Bick, M./Hanke, Th. (2002): Einführung und Etablierung einer Kultur des Wissensteilens in Organisationen. In: Engelien, M./Homann, J. (Hrsg.): Virtuelle Organisationen und Neue Medien. Köln. S. 529-552

Brandl, P./Aschbacher, H./Hösch, S. (2015): Mobiles Wissensmanagement in der Industrie 4.0. In: Weisbecker, A./Burmester, M./ Schmidt, A. (Hrsg.): Mensch und Computer 2015, Workshopband, Stuttgart: Oldenbourg Wissenschaftsverlag, 2015, S. 225-232

Becker, M. (2005): Personalentwicklung – Bildung, Förderung und Organisationsentwicklung in Theorie und Praxis. 4. Auflage; Stuttgart: Schäffer-Poeschel

Beißwenger, M./Storrer, A. (2007): Wiki-Einsatz in Lehr-/Lernkontexten. URL: http://www.michael-beisswenger.de/pub/wiki-postille.pdf (Stand: 10.9.2007)

Belliger, A./Krieger, D. (2007): Wissensmanagement für KMU. vdf Hochschulverlag

Braun, H. (2014): Wiki-Wiederkehr – Unterschätzte Content-Arbeitstiere im Test. In: c't - Magazin für Computertechnik, 05/2014, S. 138

Dennison, R. (2006): Using wikis for collaboration and KM at BT. In: KM Review, Volume 9, Issue 5, November/December 2006, Seite 5

Ebersbach A./Glaser M./Heigl R./Warta, A. (2008): Wiki – Web Collaboration. Springer Science & Business Media

Falk, S. (2007): Personalentwicklung, Wissensmanagement und Lernende Organisation in der Praxis – Zusammenhänge – Synergien – Gestaltungsempfehlungen. 2. Auflage; München und Mering: Rainer Hampp Verlag

Fank, M./Döring Katerkamp U. (2002): Motivation und Anreizsysteme im Wissensmanagement. URL:http://www.contentmanager.de/magazin/artikel_255_motivation_anreizsysteme_wissensmanagement.html (Stand: 10.9.2007)

Fiebig, H. (2005): Wikipedia – Das Buch. 2. Auflage; Berlin: Zenodot Verlagsgesellschaft mbH

Figura, M.; Gross, D. (2013): Die Qual der Wiki-Wahl. Wikis für Wissensmanagement in Organisationen. URL: https://www.pumacy.de/publikationen/studien/wikis-fuer-wissensmanagement/ (26.08.2016)

Fleig, J. (2007): Warum Wissensmanagement immer noch wichtig ist. URL: http://www.ftd.de/karriere_management/231352.html (Stand: 1.8.2007)

Flicker, A. (2007): Was Wikis mit intellektuellem Kapital zu tun haben. In: wissensmanagement – Das Magazin für Führungskräfte, Ausgabe 3/2007, S. 57

Gehrlein, T. (2016): Wissensmanagement in KMU: Die wichtigsten Erfolgsfaktoren, die größten Stolpersteine. In: Wissensmanagement 5/2016, S. 27-29

Goodier, H. (2012): The Participation Choice. URL: http://www.bbc.co.uk/blogs/bbcinternet/2012/05/bbc_online_briefing_spring2012_participation.pdf (Stand: 26.08.2016)

8

Haufe Verlag (2014): Produktiver Umgang mit Wissen in Unternehmen – Studie. URL: http://www.faktor4-beratung.de/sites/default/files/haufe-studie-wissen-in-unternehmen.pdf (Stand: 24.08.2016)

Heuer S./Trojan J. (2005): Die Dot-Kommune. In: brand eins 4/2005, URL: http://www.brandeins.de/home/inhalt_detail.asp?id=1677 (Stand: 10.9.2007)

Hofstede, G./Hofstede, G. J. (2004): Cultures and organizations - software of the mind: Intercultural cooperation and its importance for survival. London: Mcgraw-Hill Professional

Jechle, T./Markowski K./Nunnenmacher U. (2007): Medienkompetenz – Qualifizierung von Dozenten, Trainern und Tutoren für den Einsatz von Online-Lernen. In: Personalführung, Ausgabe 2/2007, S. 25-32

Kienitz, G. (2007): Web 2.0. Kempen: moses. Verlag GmbH

King, R. (2007): No Rest for the Wiki. URL: http://www.businessweek.com/technolgy/content/mar2007/tc20070312_740461.htm (Stand: 07.9.2007)

Knaut, C. (2012): Wissensarbeiter haben ihren eigenen Kopf. Machtmotivation, Offenheit der Organisation, kooperatives Miteinander und die Bereitschaft Wissen (nicht) zu teilen. Rainer Hampp Verlag, München u. Mering

Kuhlen, R. (2006): Wikipedia – Offene Inhalte im kollaboratvien Paradigma – eine Herausforderung auch für Fachinformationen? URL: http://www.ib.hu-berlin.de/~libreas/libreas_neu/ausgabe4/pdf/006kuh.pdf (Stand: 30.6.2007)

Majchrzak, A./Wagner, C./Yates, D. (2006): Corporate Wiki Users: Results of a Suvey. URL: http://www.wikisym.org/ws2006/proceedings/p99.pdf (Stand: 11.6.2007)

Möller, E. (2003): Das Wiki-Prinzip. URL: http://www.heise.de/ tp/r4/artikel/14/14736/1html (Stand: 05.06.2007)

Müller, C./Dibbern P. (2006): Selbstorganisiertes Wissensmanagement in Unternehmen auf Basis der Wiki-Technologie – ein Anwendungsfall. In: HMD – Praxis der Wirtschaftsinformatik, Ausgabe 252, S. 45-54

Nerdinger, F. (2004): Die Bedeutung der Motivation beim Umgang mit Wissen. In: Reinmann, G./Mandl, H. (Hrsg.): Psychologie des Wissensmanagements – Perspektiven, Theorien und Methoden. Göttingen: Hogrefe Verlag

Neuberger, O. (1994): Personalentwicklung. 2. Auflage; Stuttgart: Ferdinand Enke Verlag

Nielsen, J. (2006): The 90-9-1 Rule for Participation Inequality in Socia-Media and Online Communities. URL: https://www.nngroup.com/ articles/participation-inequality/(Stand: 26.08.2016)

Raman, M. (2006): Wiki Technology as a „free" collaborative tool within an organizational setting. In: Information Systems Management, Fall 2006, S. 59-66

Reinmann-Rothmeier, G. (2001): Wissen managen: Das Müchener Modell. Forschungsbericht Nr. 131, Ludwig-Maximilians-Universität München, Institut für Pädagogische Psychologie und Empirische Pädagogik, Lehrstuhl Prof. Dr. Heinz Mandl URL: http://epub.ub.uni-muenchen.de/archive/00000239/ (Stand: 20.06.2007)

Reinmann-Rothmeier, G. (2002): Mediendidaktik und Wissensmanagement.
URL: http://www.medienpaed.com/02-2/reinmann1.pdf (Stand: 11.6.2007)

Roehl, H. (2002): Organisation des Wissens – Anleitung zur Gestaltung. Stuttgart: Klett-Cotta

Rubarth, P. (2007): „Keep It Simple, Stupid" - Leichtgewichtiges Wissensmanagement mit Wikis. URL: http://www.community-of-knowledge.de/ep_.htm?fall=5 (Stand: 7.9.2007)

Schein, E. (1995): Unternehmenskultur. Ein Handbuch für Führungskräfte. Campus Verlag Frankfurt

Schmitz, C. (2006): Die Wissensmanagement-Community lernt vom aktuellen Boom des Web 2.0. URL: http://www.semantic-web.at/10.36.109.article.christoph-schmitz-die-wissensmanagement-community-lernt-vom-aktuellen-boom-des-web-2-0.htm (Stand: 20.6.2007)

Schmitz, C./Hotho, A./Jäschke, R./Stumme, G. (2006): Kollaboratives Wissensmanagement. URL: http://www.kde.cs.uni-kassel.de/stumme/papers/2006/hotho2006kollaboratives.pdf (Stand: 23.6.2007)

Schroer, J./Hertel, G. (2007): Voluntary Engagement in an Open Web-based Encyclopedia: Wikipedians, and Why They Do It. URL: http://www.abo.psychologie.uni-wuerzburg.de/virtualcolla-boration/(Stand: 20.6.2007)

Semar, W. (2004): Entwicklung eines Anreizsystems zur Unterstützung kollaborativ verteilter Formen der Aneignung und Produktion von Wissen in der Ausbildung. Fachbereich Informationswissenschaft, Universität Konstanz URL: http://www.inf-wiss.uni-konstanz.de/People/WS/gmw04-semar-cc.pdf (Stand: 10.9.2007)

Smolnik, S./Riempp, G. (2006): Nutzenpotenziale, Erfolgsfaktoren und Leistungsindikatoren von Social Software für das organisationale Wissensmanagement. In: HMD – Praxis der Wirtschaftsinformatik, 252, 2006, S. 17-26

Szugat, M./Gewehr, J. E./Lochmann, C. (2006): Social Software – Blogs, Wikis & Co. Unterhaching: entwickler.press

von Rosenstiel, L. (2000): Grundlagen der Organisationspsychologie: Basiswissen und Anwendungsbeispiele. 4. überarbeitete und erweiterte Ausgabe; Stuttgart: Schäffer Poeschel

Wagner, C. (2004): Wiki: A Technology for conversational knowledge management and group collaboration. In: Communications of the Association for Information Systems, Volume 13, 2004, S. 265-289

Wermke, M./Kunkel-Razum, K./Scholze-Stubenrecht W. (Hrsg.) (2000): Duden – Die deutsche Rechtschreibung. 22., völlig neu bearbeitete und erweiterte Ausgabe; Mannheim: Verlag Bibliographisches Institut & F. A. Brockhaus AG

WikiMatrix (2016): Most Views. URL: http://www.wikimatrix.org/statistic/Most+Views (Stand: 26.08.2016)

Winkler, K./Mandl H. (2004): Mitarbeiterorientierte Implementation von Wissensmanagement. In: Reinmann, G./Mandl, H. (Hrsg.): Psychologie des Wissensmanagements – Perspektiven, Theorien und Methoden. Göttingen: Hogrefe Verlag

Abbildungs- und Tabellenverzeichnis

Zeitfracht Medien GmbH
Ferdinand-Jühlke-Straße 7
99095 Erfurt, Deutschland
produktsicherheit@kolibri360.de